Stefan Bruweleit

Bäslack

Heitere und satirische Geschichten

Mephistopheles-Verlag

Erweiterte Fassung der Ausgabe von 2018
Lektorat und Verlag: Mephistopheles-Verlag, Nordenham
Umschlaggestaltung: Mephistopheles-Verlag
Herstellung: BoD, Norderstedt
ISBN: 978-3-9824142-0-1

Inhalt

Bäslack

Gewiss hat Napoleon mit seinem Schicksal gehadert, nachdem sein Griff nach den Sternen ins Leere gefahren war und er im Exil die Tage und Wochen zählte, bis das Feuer in ihm, das einstmals den ganzen Kontinent in Flammen gesetzt hatte, gänzlich erlöschen und der Staub seiner Knochen endlich in den ewigen Kreislauf eingehen würde, dem er einst entstiegen war. Gewiss waren jene Jahre in ihrer Tristesse und Eintönigkeit bedrückender als aller Kanonendonner bei Waterloo zusammen, und doch hätte Napoleon sich sogleich mit allen Schicksalsgöttern ausgesöhnt, hätte er nur um das Geschick der letzten Abkömmlinge aus dem stolzen Geschlecht der Bäslacks gewusst, über dessen Ende zu berichten ich als meine traurige Pflicht erachte.

Über Jahrhunderte hatte unser Haus die kühnsten und vorzüglichsten Männer hervorgebracht, die das Land je gesehen hatte. Kaum eine historische Großtat hatte es gegeben, an der nicht mindestens ein Bäslack mitgewirkt hätte, und doch waren es nicht Schlachtenlärm und Säbelrasseln, die unseren Untergang schließlich besiegelten. O nein, uns hatte das Schicksal ein weitaus grausameres Ende bestimmt. Denn was könnte grausamer sein als ein Schicksal, das ein edelmütiges Geschlecht dem Niedergang weiht, indem es die Neidvollen und Niederträchtigen triumphieren lässt, und das mir, dem letzten Abkömmling des Hauses Bäslack, die Möglichkeit vorenthält, nach Ruhm und Ehre zu streben und nach den Sternen zu greifen, und mich stattdessen zu einem Dasein verdammt, das zu kaum mehr als einer Fußnote in der Weltgeschichte taugt?

Warum, so werden Sie sich fragen, mache ich mir die Mühe, das Ende unseres Geschlechtes hier niederzuschreiben, statt über die glanzvollen Tage unseres Ruhmes zu berichten? Aus Eitelkeit vielleicht, da ich so die Gelegenheit habe, in erster Linie über mich selber zu schreiben? Wohl kaum. Ich klage auch nicht an. Es wäre töricht, ein Schicksal anzuklagen, das wahrscheinlich doch ebenfalls nur eine Figur in einem Spiel ist, das auf einer viel höheren Ebene gespielt wird. Auch bitte ich nicht um Mitgefühl. Das hat unser Haus gewiss nicht nötig. Nein, der Grund ist ein anderer. Caesar mag großartige Taten vollbracht haben, um derentwillen wir ihn lieben und bewundern. Seine Unsterblichkeit aber verdankt er weniger seinen Kriegen, sondern vielmehr der Art seines Endes. Hingemetzelt von den Männern, die er seine Freunde wähnte, gescheitert durch schnöden Verrat. Sein Ende ist es, das die Phantasie von Generationen beflügelte, das Shakespeare zu seiner göttlichen Tragödie inspirierte, weniger sein Leben. Und so bedarf es wohl keinerlei Rechtfertigung mehr, dass ich den folgenden Bericht dem Ende des Hauses Bäslack widme, das an Tragik um nichts dem Tod des römischen Imperators nachsteht.

Ich bin der letzte Abkömmling des Geschlechtes der Bäslacks, und sehr bald schon werde ich sterben. Möglicherweise ereilt mich mein Schicksal schon, noch bevor ich unsere Geschichte niedergeschrieben habe. Ich will mich daher so kurz wie möglich fassen und mich auf die Schilderung der letzten Monate beschränken, die den Höhepunkt und gleichzeitig den tragischen Abschluss des Niederganges unseres Hauses sahen.

***

Zu der Zeit, da mein Bericht einsetzt, zeichnete sich das Ende bereits ab. Schon lange hatten die Machenschaften des Fürsten zu H. wie eine Gewitterwolke über unserem Anwesen gehangen, und als sich diese schließlich entlud, waren wir nicht nur unseres Heimes verlustig, ich musste zudem alle Träume und Hoffnungen auf Ruhm und Ehre begraben, die bis dahin in meiner jugendlichen Brust geschwelt hatten. Düsterer und trostloser lag die Zukunft vor uns als alles, was das Haus Bäslack bisher hatte ertragen müssen. Ich will hier nicht die Einzelheiten schildern, wie es dem Fürsten zu H. gelungen war, meinen Vater in den Ruin zu treiben und unser Anwesen seinem Machtbereich einzuverleiben. Die Niedertracht dieses Menschen ist von solchem Ausmaß, dass sich die Feder sträubt, darüber zu berichten. Jedenfalls hatte an den Mauern unseres Anwesens, das sich seit Jahrhunderten im Besitz der Bäslacks befunden hatte, eines Tages das Wappen des Fürsten geprangt und wir hatten uns glücklich schätzen müssen, in den Dienst des Unmenschen treten zu dürfen. Jawohl, seine Niedertracht war so abgrundtief, dass er es sogar noch wagte, sich den Anschein von Mildtätigkeit zu verleihen, indem er uns bei sich aufnahm und uns zwang, für ihn zu arbeiten! Das stolze Herz meiner Mutter zerbrach bald über diese Demütigung und sie verstarb etwa ein Jahr nach dem Verlust unseres Anwesens. Mein Vater kämpfte, aber bald schon wurde deutlich, dass die Schmach auch seine Kraft und seinen Widerstandswillen gebrochen hatte. Oft und öfter suchte er Trost und Vergessen in billigem Branntwein und verfiel noch mehr dem Trübsinn, da er seine Zuflucht bei billigem Fusel suchen musste, wo doch auf unserem Anwesen die köstlichsten Weine gelagert waren, die nun der Fürst bei seinen barbarischen Gelagen versoff. Und an diesem Punkt nahm die Niedertracht des Fürsten nun Ausmaße an, die man schon als historisch bezeichnen muss. Ohne auch nur das geringste Anzeichen von Mitgefühl zu zeigen, sah er tatenlos mit an, wie mein Vater sich mit jedem Tag mehr zugrunde richtete, nur um ihm dann eines Morgens mitzuteilen, er sei seiner Tätigkeit als Gärtner offensichtlich nicht mehr gewachsen. Ohne Frist vertrieb er den Mittellosen von seinem Anwesen und ließ zudem noch öffentlich verlauten, mein Vater sei dem Alkohol verfallen und unmöglich könne er, der Fürst, bei aller Nachsicht einen Trunkenbold in seinen Diensten dulden. Zur Schmach der Armut kam nun noch die Verleumdung, ein Trinker zu sein, und binnen Monatsfrist zerbrach mein Vater, mittlerweile grau und gebeugt, an diesem doppelten Schlag und verstarb in einem Armenhaus.

Ich war nun alleine. Als letzter Abkömmling des stolzen Hauses Bäslack musste ich fast jeden Tag in das verhasste Gesicht des Mörders meines Vaters sehen, wann immer ich ihm seine Speisen zu servieren oder einen anderen Dienst zu erweisen hatte. Meine Funktionen waren mannigfach. Ich arbeitete in der Küche, musste Speisen zu Tisch tragen, half aber auch im Garten und in den Pferdeställen aus und wurde regelmäßig beauftragt, Besorgungen in der Stadt zu erledigen. Ich kann nicht in Worte fassen, welche Qualen ich litt, wenn ich im Garten Arbeiten ausführen musste, die einst in den Händen meines Vaters gelegen hatten, oder wenn ich an seiner Kammer vorüberschritt, die nun mit allerlei Gerümpel gefüllt war. Und immer wieder war dort dieses Gesicht, in dem sich die Boshaftigkeit des ganzen Menschengeschlechtes widerzuspiegeln schien und das doch gleichzeitig ständig bemüht war, sich den Anschein von Milde und Wohlwollen zu geben, wann immer ich es erblickte. *Sieh mich an, du Wurm, ich bin es, der dich vor dem Armenhaus bewahrt. Ich hoffe, du weißt das zu schätzen!* Ich sah in dieses Gesicht, ich schaute in seine boshaften und heuchlerischen Augen, sah sie, wenn ich servierte, schauderte vor ihnen in meinen Träumen, hasste und verabscheute sie, wann immer meine Gedanken zu meinem Vater und meinem eigenen Geschick schweiften. Ja, ich hasste diese Augen, hasste dieses Gesicht, hasste den ganzen Menschen, und eines Abends, ich war bereits zu Bett gegangen, erkannte ich, dass nur ein einziger Weg mir noch offen stand: Ich musste das Scheusal töten! Rache für die Zerstörung meines Lebens nehmen. Rache für meinen Vater. Gewiss war der Entschluss über einen längeren Zeitraum hinweg in mir gereift, aber bewusst vor mir sah ich meinen Weg, mein Schicksal erst an jenem Abend. Und im selben Augenblick, da mich diese Erkenntnis überfiel, war mir klar, dass es kein Zurück mehr gab. Ich musste ihn töten. Meiner Ehre, meines Seelenheils willen musste ich den Unhold beseitigen, ihn auslöschen, so wie er meine Hoffnungen und mein Leben ausgelöscht hatte, und wenn es das Letzte war, was ich tun würde.

Sobald der Entschluss gefasst war, machte ich mich an die Ausarbeitung eines Plans. Aus meinen Studien war ich an systematisches und planvolles Arbeiten gewohnt. In den folgenden Tagen und Wochen grübelte ich, studierte die Gewohnheiten des Scheusals, sann darüber nach, wo und wie ich diesem unnützen Dasein ein Ende bereiten konnte. Ich war jetzt wie ausgewechselt. Alle Schwermut war nun von mir gewichen, ich bebte förmlich vor Energie und Tatendrang, und doch war meine Verstellung vollkommen. Weder durch Worte, Gesten noch Mienenspiel ließ ich irgendetwas erahnen, das auf meine Absichten deuten könnte. Wann immer ich den Fürsten sah, gab ich mich dienstwillig und untertänig. *Jawohl, Euer Durchlaucht. Ganz wie Euer Durchlaucht wünschen!* Und gleichzeitig lachte und höhnte ich in meinem Inneren über den naiven Alten, der nicht einmal ahnte, dass es der Todesengel persönlich war, der ihm da seinen Fraß vorsetzte!

Währenddessen feilte und schleifte ich an meinem Plan. Entwarf und verwarf wieder, grübelte erneut und fertigte den nächsten Entwurf. Und endlich war die Entscheidung gefallen. Es war am späten Nachmittag, als ich auf einen Schwatz in die Küche ging und dem Chefkoch bei der Zubereitung des Abendessens zusah. Er schnitt gerade mit einem Messer Pilze zurecht, die einige der Bediensteten zumeist in einem nahegelegenen Wald suchten. Und da nun stand der Plan vor mir, klar und deutlich wie eine Offenbarung: Ich würde den Unhold vergiften!

Sogleich begann ich, den Plan zu durchgrübeln und an den Einzelheiten zu feilen. Ich kannte den Wald recht gut und wusste, wo Pilze zu finden waren, sowohl die essbaren als auch die giftigen. Hatte ich Besorgungen in der Stadt zu machen, so musste ich mit dem Wagen ein kleines Stück des Waldes durchqueren. Es war also ein Leichtes, kurz abzusteigen und einige der Giftpilze zu sammeln, zumal ganz in der Nähe des Weges Knollenblätterpilze wuchsen, die ich für die Todesmahlzeit zu verwenden gedachte. Die Pilze würde ich auf meiner Kammer zurechtschneiden und dann, wenn das nächste Pilzgericht anstand, unauffällig in den Topf mischen.

Der Entschluss war also gefasst, und auch der Tag, an dem ich meine todbringende Rache üben würde, stand bald fest. Am folgenden Sonntag würde der Fürst für die anderen blaublütigen Parasiten der Umgebung ein Gastmahl geben, und bei solchen Gelegenheiten wurden fast immer Pilzgerichte serviert. Ich nutzte also meine nächste

Fahrt in die Stadt zu einem kurzen Abstecher in den Wald, und fast schien es, als habe sich die Natur meinem Rachefeldzug angeschlossen, denn kaum hatte ich die Lichtung, in der ich die Pilze vermutete, betreten, da standen sie auch schon vor mir; harmlos, geradezu unschuldig wirkend in ihrem weißen Gewand, schien jeder einzelne mir zuzuraunen, ich möchte ihn, und *nur* ihn zum Werkzeug meiner Vergeltung wählen. Geschwind sammelte ich eine ausreichende Anzahl und eilte auf meinem Karren zum Anwesen zurück. Ich brachte die Pilze zunächst in meine Kammer und versteckte sie hinter einigen Kleidungsstücken in meinem Schrank. Wir schrieben Freitag, und nun hieß es warten, fast zwei lange Tage warten.

O, mit welch wonnigem Schauder sah ich den Unmenschen von Krämpfen geschüttelt, das Antlitz in Todesqualen verzerrt. Nach Atem ringend, den Mund weit aufgerissen, würden die Hände panisch den Kragen von dem fetten Hals reißen, um ihm nur irgendwie Luft zu verschaffen. Seinen ganzen Besitz würde er nun darangeben und noch viel mehr für ein einziges Quäntchen Luft, das ungehindert in seine Lungen dringen könnte und ihm zumindest eine kurze Milderung der Todespein gewähren, ihn wenigsten für einige Momente mit der Hoffnung narren würde, dass doch noch alles gut werde. Die Augen würden aus den Höhlen treten, glotzend, auf die anderen Blaublüter starrend, Hilfe von ihnen erflehend, aber doch nur den Todesengel erspähend, der langsam, aber unbeirrt auf ihn zuschritt. Und der Engel würde meine Züge tragen. Ich würde auf ihn zutreten und ihm sagen, dass ich es sei, von dessen Hand er in wenigen Augenblicken den Tod finden würde.

O ja, ich schaute seinen Tod, und nie in den Wochen und Monaten zuvor hatte ich mich so lebendig gefühlt wie in den Momenten, da ich in meinen Träumen das Licht in seinen Augen erlöschen sah. Doch bald wurde mir klar, dass ich ihm nicht nur in meinen Träumen enthüllen musste, wem er sein Ende zu danken habe. Nein, kurz vor seinem Tod musste ich ihm entdecken, dass ich es war, der ihn zum Tode verurteilt hatte für den Mord, den er an meinem Vater begangen. Ich musste ihm in die sterbenden Augen sehen, mein lächelndes Gesicht sollte das Letzte sein, das er in seinem Leben geschaut, bevor er seine Reise in den Hades antreten würde.

Ja, so war der Plan. Ich fieberte dem Sonntag entgegen, zählte die Stunden, die Minuten.

Und endlich war er gekommen.

Wiederholt schlenderte ich durch die Küche, plauderte mit dem Chefkoch und lenkte das Gespräch, ganz unauffällig, auf das anstehende Gastmahl. Und tatsächlich, ein Pilzgericht war geplant. Er ließ mich sogar einen Blick auf die Pilze werfen und mein Herz überschlug sich fast vor Freude, als ich sah, dass diese fast genau den von mir gesammelten Knollenblätterpilzen glichen. Ich weiß nicht, um welche Sorte es sich handelte, aber die Ähnlichkeit war verblüffend, und fast wollte man meinen, der tüchtige Koch sei meiner Idee zuvorgekommen.

Ich entfernte mich aus der Küche und eilte in meine Kammer. Dort angekommen, holte ich die

Pilze aus ihrem Versteck und schnitt sie zurecht. Bei dieser Tätigkeit hatte ich dem Koch oft genug zugesehen, wusste also, welche Größe und Form die einzelnen Stücke aufweisen mussten, um nicht aufzufallen. Ich legte die Stücke in eine Keksdose und platzierte diese in meinen Schrank. Danach ging ich diversen Arbeiten nach, die ich noch zu erledigen hatte, schaute aber immer wieder in der Küche vorbei, um mich über den Gang der Dinge dort zu informieren. Das Hauptproblem lag tatsächlich darin, die Pilze ungesehen in den Topf zu mischen. Neben dem Chefkoch waren noch zwei weitere Köche und etliche weibliche Gehilfen in der Küche tätig, die sich jedoch längst nicht alle ständig dort aufhielten. Zudem hatte die Küche die Form eines L, und die Kochplatten mit den Töpfen befanden sich an einer Stelle, die nur von einem kleinen Teil der Küche aus einsehbar war. Ich musste also nur warten, bis die Köche etwas aus dem direkt angrenzenden Lagerraum holten oder in einem entfernteren Teil der Küche beschäftigt waren. Aber ich musste natürlich vorsichtig sein.

Der Kochprozess war nun in vollem Gange, überall herrschte emsiges Treiben. In nur wenigen Stunden wurden die ersten Gäste erwartet. Ich war wie gewöhnlich zum Servieren eingeteilt, so gab ich vor, noch die eine oder andere Schüssel auf Sauberkeit überprüfen zu wollen und machte mich also mit einem Reinigungstuch an diesen zu schaffen. Hierbei fiel mein Blick auf die Pilze, und mit pochendem Herzen bemerkte ich, dass diese bereits fertig geschnitten waren und nur noch darauf warteten, in den Topf gegeben zu werden, in dem bereits ein Stück Fett lag. Ich eilte also in meine Kammer zurück und holte die Pilze hervor und füllte meine Hosentaschen mit ihnen. Nun zurück. Ich fühlte, dass sich kleine Schweißperlen auf meiner Stirn gebildet hatten, und wischte sie fort. Auf dem Gang kamen mir andere Bedienstete entgegen. Ich lächelte sie an, erkundigte mich im Vorbeigehen jovial, wie es ihnen denn so gehe, und gewiss hätte sich keiner von ihnen auch nur träumen lassen, dass er soeben dem Todesengel begegnet war, der sie bald von ihrem Tyrannen befreien würde.

In der Küche angelangt, machte ich mich wieder an meine Schüsseln, suchte aber sogleich die Nähe des Topfes, der mir nun wie ein Zauberkessel anmuten wollte. Ja, darin würde der Trunk gebraut, mit dem die Ehre der Bäslacks wiederhergestellt würde. Ich hielt nach den Pilzen Ausschau, doch sie waren verschwunden. Sie befanden sich also bereits im Topf! Nun musste ich mich spurten, denn natürlich durften meine Pilze nicht allzu lange nach den anderen in den Topf kommen, damit sie alle gleichmäßig gebraten würden. Ein Stück neben mir bereiteten zwei der Frauen einen Salat vor, plauderten, lachten und machten nicht die geringsten Anstalten, sich zu entfernen. Nun eilte auch noch der Chefkoch herbei und sah einem seiner Köche über die Schulter. Und die Zeit verging. Ich fasste in meine Hosentasche und befühlte die Pilze, die nun bald, und zwar sehr bald zu ihren essbaren Kollegen in den

Topf mussten. Doch die Frauen plauderten, der Chefkoch wies seinen Koch zurecht.

»Ja, gewiss wird der Herr F. seine Frau mitbringen«, hörte ich da eine der Frauen sagen, und mein Herz stockte.

F. würde auch kommen? Ich kannte F. Er war zwar nicht adliger Abstammung, hatte es aber mit einer Manufaktur zu großem Wohlstand gebracht. Mir war aber nicht bekannt gewesen, dass er mit dem Fürsten verkehrte. Mein Vater war sehr gut mit ihm befreundet gewesen, und auch bei mir hatte er einen sehr positiven Eindruck hinterlassen. Und nun war er hier und sollte von dem Todesmahl kosten, das doch für den Mörder meines Vaters bestimmt war. Ich spürte, wie sich wieder Schweißperlen auf meiner Stirn bildeten, doch machte ich mir dieses Mal nicht die Mühe, sie wegzuwischen. Was sollte ich tun? Sollte ich den Freund meines Vaters meiner Rache opfern?

Ich blickte mich um. Die beiden Köche hatten sich von den Kochplatten entfernt, würden aber gewiss gleich zurückkommen. Die zwei Frauen waren so in ihren Schwatz vertieft, dass sie wohl kaum bemerkt hätten, wenn ich mich unauffällig dem Topf genähert hätte. Sollte ich?

Ich schüttelte den Kopf und wischte endlich den Schweiß von meiner Stirn. Nein, es ging nicht. F. war einer der wenigen Menschen, die nicht ihren ganzen Ehrgeiz darangesetzt hatten, mich in meiner Entfaltung und Entwicklung zu hemmen, mich zu vernichten. Ich griff in meine Tasche und spürte, wie sich neue Schweißperlen auf meiner Stirn bildeten, als ich die Pilze fühlte. Ich musste sie irgendwie verschwinden lassen und zwar geschwind. Mit wachsender Panik bemerkte ich, wie sich meine Taschen wölbten. Was wäre, wenn sie die Pilze bei mir entdeckten? Ich sah an mir hinab, und da fiel mir auf, dass ich mich noch zum Servieren umziehen musste. Ich eilte also in meine Kammer zurück und packte die Pilze wieder in die Dose. Dann kleidete ich mich um und begab mich in die Küche zurück.

Irgendwann begann dann das Gastmahl und ich fand mich in dem großen Speisesaal wieder. Dort saßen sie also, die Glücklichen und Reichen, die Blaublütigen mit ihren selbstzufriedenen Visagen, wie sie sich hohnlachend an meinem Unglück weideten. Ich lachte zurück, lächelte dem Ungeheuer ins Gesicht, während alles in mir danach schrie, ihm die Suppenschüssel über den Schädel zu schlagen. Doch ich bezwang den Aufruhr in meinem Inneren und servierte. Ich vermied den Augenkontakt zu F. und hoffte, dass er mich nicht bemerkte.

Als das Hauptgericht serviert war, ging ich in die Küche zurück und überlegte, was mit den Pilzen zu geschehen sei. Zunächst erwog ich, sie einfach in das Fass mit den Essensresten zu schmeißen. Doch die Essensreste wurden regelmäßig den Schweinen des Fürsten vorgeworfen, und was würde geschehen, wenn diese dann unter Qualen verendeten? Gewiss würde es eine Untersuchung geben. Da kam mir ein glücklicher Zufall zu Hilfe. Es stellte sich heraus, dass nicht mehr genügend Äpfel im Lagerraum neben der Küche vorhanden waren. Der Chefkoch beauftragte mich also, welche aus dem Lagerschuppen zu holen. Hierzu musste ich das Hauptgebäude verlassen und die gesamte Gartenanlage durchqueren. Es war bereits dunkel, und gewiss würde es niemand bemerken, wenn über den ganzen Rasen verteilt kleine Pilzstücke lägen. Ich schnappte mir also den Korb, ging eilenden Schrittes in meine Kammer und konnte mich zumindest der verräterischen Pilze entledigen, wenn ich schon meinen Rachefeldzug verschieben musste.

Ich war also wieder auf meinen Ausgangspunkt zurückgeworfen und das Pläneschmieden begann erneut. Natürlich hätte ich nun versuchen können, den Fürsten bei einer anderen Gelegenheit zu vergiften, doch konnte sich mein Herz bei dieser Vorstellung nun nicht mehr recht erwärmen. Auch schien mir die ganze Idee bei näherer Überlegung als wenig heroisch und eines Bäslacks kaum würdig. Nein, ein anderer Plan musste her. Kurzzeitig zog ich in Erwägung, das Anwesen in Brand zu setzen und den Fürsten in den Flammen umkommen zu lassen, doch ist es für eine Einzelperson nahezu unmöglich, an mehreren Stellen gleichzeitig Feuer zu legen, sodass dem Unhold kein Fluchtweg mehr verbliebe.

Doch dann näherte sich der Geburtstag des Fürsten. Bald würde er so alt sein wie mein Vater, als er verstarb. Und eines Nachts überfiel es mich, Offenbarung und Verheißung zugleich, dass dieser Geburtstag auch sein Todestag sein müsse. Auf keinen Fall durfte das Scheusal länger auf dieser Erde wandeln, als es meinem Vater vergönnt gewesen war. Und als ich an die Geburtstagsfeier dachte, fiel mir das letzte große Mahl ein, das er gegeben hatte. Wiederholt war mein Blick beim Servieren auf das Schwert und das Schild gefallen, die er in tollkühner Anmaßung am Kopfende des Speisesaales hatte anbringen lassen. Als ob dieser Feigling je ein Schwert geschwungen hätte! Doch dieses Schwert würde geschwungen und von starker Hand durch sein verruchtes Herz gebohrt werden. Durch dieses Symbol seines Hochmutes sollte er zu Fall kommen!

Ruhelos schritt ich in meiner Kammer auf und ab, und bald schon nahmen die Einzelheiten des Plans in meinem Kopf konkrete Gestalt an. Noch in der Nacht des Geburtstages, nach der offiziellen Beglückwünschung durch die Bediensteten um Mitternacht, würde ich in den Speisesaal schleichen und das Schwert von der Wand nehmen. Dann zum Schlafgemach des Fürsten. Mit dem Schwert in der Hand würde ich mich auf das Bett stürzen und dem Elenden das blanke Eisen an die Kehle setzen. Er sollte mich anschauen, sollte mir in die Augen sehen, bevor ich sein Herz durchbohrte. Über meine Worte, mit denen ich ihn in die Hölle schicken würde, war ich mir noch nicht klar, aber gewiss würde mir bis dahin noch so manch geflügelte Wendung einfallen. Ich musste natürlich damit rechnen, dass sein Leibdiener, dessen Kammer nur einige Türen entfernt war, von dem Tumult aufwachen würde. Diesen müsste ich dann halt ebenfalls niederstrecken. Und wenn das ganze Haus erwachte? Nun, dann würde ich mich durch die Meute kämpfen und mich am Ende in das Schwert stürzen, mit dem ich eben noch Tod und Verderben in die feindlichen Linien gebracht hatte. Denn was wäre dann noch zu tun? Mein Vater wäre gerächt, meine Mission erfüllt.

Mit rasendem Herzen und wallendem Blut fieberte ich dem Geburtstag entgegen. Ich war kaum noch in der Lage, meinen täglichen Verpflichtungen nachzukommen, denn all meine Gedanken weilten nur bei der Nacht, da sich mein Schicksal endlich erfüllen sollte. Die Zeit schien stillzustehen. Minuten dehnten sich zu Stunden, Stunden zu Tage. Doch endlich war es dann soweit. Mitternacht. Die Dienerschaft hatte sich im Speisesaal versammelt. J., der Verwalter der fürstlichen Güter, gratulierte dem Fürsten offiziell zum Geburtstag und wünschte ihm auch für das neue Lebensjahr Gesundheit und Wohlergehen. Der Unhold dankte, sichtlich gerührt. Dann die Hochrufe der Dienerschaft. Ich tat mich besonders hervor, übertönte die anderen sogar noch und jubilierte in meinem Inneren, dass bald, schon in wenigen Stunden Gesundheit und Wohlergehen im neuen Lebensjahr des Scheusals ein solch jähes Ende finden würden!

Der Fürst zog sich bald zurück, während die Dienerschaft noch im Speisesaal verblieb und auf das Wohl des Fürsten trank. Fast zwanghaft wurde mein Blick wieder und wieder von dem Schwert am Kopfende des Saales angezogen, dessen glänzendes Eisen mir bald vertraulich zuzulächeln, bald verschwörerisch zuzublinzeln schien, wann immer das Licht sich in einem ganz bestimmten Winkel darin spiegelte. Und ich frohlockte bei dem Gedanken, dass ich es noch in dieser Nacht durch sein mörderisches Herz bohren würde.

Die Feierlichkeit währte nur kurz und bald schon zogen auch wir uns in unsere Kammern zurück. An Schlaf war natürlich nicht zu denken. Jede Fiber meines Leibes war zum Zerreißen angespannt, und wie ein hungriger Tiger in seinem Käfig so schritt ich in meinem Zimmer auf und ab. Quälend langsam verstrichen die Minuten, doch irgendwann ward es still in den Kammern und auf den Gängen. Ich legte mich auf mein Bett, spielte wieder und wieder im Gedanken die Szene durch, da ich endlich in die verhassten Augen blicken und diese dann für ewig zum Erlöschen bringen würde. Ich spürte seine Todesqualen, sein feiges Entsetzen, wenn ich das Schwert an seine Brust setzen würde, sah, wie seine Lippen die Worte bildeten, mit denen er um sein wertloses Leben bettelte. O ja, ich sah ihn, als befände ich mich bereits in seinem Schlafgemach und schwebte bereits der Todesengel über seinem Bett. Und ein Schauder der Wonne durchlief meinen ganzen Körper und ließ mich erzittern. Ich stand wieder auf und marschierte erneut in der Kammer auf und ab. Im Gebäude regte sich nun keine Seele mehr bis auf die eine, die einsam in der Nacht auf Rache sann. Ich wartete noch eine Weile. Vielleicht eine halbe Stunde. Vielleicht auch eine ganze. Dann zog ich mich um, denn natürlich beabsichtigte ich nicht, ihm in der Tracht eines Dieners entgegenzutreten. O nein, in meinem eigenen, im

Gewand des Hauses Bäslack sollte er mich erblicken und erstarren. Ich legte die Sklavenkleidung also ab und zog meine eigene an, ging dabei nochmals den ganzen Plan im Kopf durch. Zielstrebig zog ich mich an, doch ohne Hast und Eile, denn ich war mir wohl bewusst, dass ich nicht hektisch werden durfte, sondern gesammelt und konzentriert zu Werke gehen musste. Endlich war ich fertig und machte mich auf. Ich war schon an der Tür, da hielt ich inne und überlegte. Das Werk, das vor mir lag, war groß und erhaben, und seit uralten Zeiten war es Brauch im Hause Bäslack, dass gewisse Formen der Etikette gewahrt werden, wenn große Taten anstehen. Hierzu zählte auch, dass man den linken vor dem rechten Schuh anzuziehen habe. Ich überlegte, konnte mich aber beim besten Willen nicht entsinnen, in welcher Reihenfolge ich meine Schuhe angezogen hatte, und mir war klar, dass ich so unmöglich zur Tat schreiten konnte. Ich setzte mich also erneut auf mein Bett und zog die Schuhe wieder aus. Dann zog ich sie wieder an, und zwar zunächst den linken und erst dann den rechten. Sogleich war mir leichter ums Herz, und ich schritt auf den Gang und lauschte.

Es war totenstill. Nicht ein Laut war zu hören auf den endlosen Gängen und Korridoren. Ich atmete einmal tief durch und ging dann auf leisen Sohlen los, vorbei an den Kammern der anderen Diener, an der Küche, und schließlich befand ich mich auf dem Gang, den ich so oft gegangen war, beladen mit den erlesenen Speisen, die für den Schlund des Ungeheuers bestimmt waren, und den ich nun zum letzten Mal entlangschreiten würde. Im Mondlicht, das durch die riesigen Fenster fiel, erkannte ich die doppelflügelige Tür, die zum Speisesaal führte. Mit wachsender Erregtheit schritt ich auf die Tür zu. Ich ging auf den Fußspitzen, aber dennoch hallten meine Schritte unheilvoll von den Wänden wider, viel stärker noch als auf dem Gang, aus dem ich gerade kam. Irgendetwas an der Akustik musste hier grundlegend anders sein. Doch ich ging weiter. Trat noch vorsichtiger auf, aber ich ging weiter, bis ich die Tür endlich erreichte, die sich wie das Tor zum Walhalla vor mir auftürmte. Ich trat ein, und auch in der Dunkelheit – der Mond schien nämlich nicht durch die Fenster des Speisesaals, sondern stand auf der gegenüberliegenden Seite – sah ich das Schwert sofort, und mein Herz wurde mit frischem Mut beseelt. Nicht mehr auf die Laute meiner Schritte achtend eilte ich an das Kopfende des Saales und nahm das Schwert von der Wand. Mächtig und unheilverkündend lag es in meiner Hand und schien mich aufzufordern, nun endlich zur Tat zu schreiten; ich lachte auf und ließ es einige Male durch die Luft schwingen, und mein Herz raste bei der Vorstellung, dass es sich schon bald, schon in wenigen Minuten nicht mehr durch bloßen Äther bohren würde, sondern durch das Herz des Fürsten.

Ich eilte aus dem Saal, ging nun aber nicht den Gang zurück, auf dem ich gekommen war, sondern marschierte nach links, wo nach gut zwanzig Metern die Treppe folgte, die zum Obergeschoss führte, wo sich das Gemach des Fürsten befand.

Beschwingt flog ich den Gang entlang und dann die Treppe hinauf. Ich hatte den oberen Gang erreicht, da fiel mein Blick durch eins der Fenster auf den Mond und ich erschrak. Ich spürte, wie alles Blut aus meinen Wangen wich, meine Knie nachzugeben drohten, und fast wäre mir das Schwert aus den Händen geglitten. Zunächst hatte ich geglaubt, ein Gesicht starre mich durch das Fenster an, bis ich erkannte, dass es der Mond war. Der Mond, vor den sich drei kleine Wolkenfetzen geschoben hatten, die nun ein Augenpaar und einen nach unten gezogenen Mundwinkel bildeten. Das Gesicht schien zu schäumen. Ja, ohne Zweifel starrte dort ein Gesicht vom Himmel herab, das vor Wut geradezu verzerrt war!

Für Augenblicke taumelte ich und befürchtete, sogleich die Besinnung zu verlieren. Ich hielt meine Hand vor die Augen, wollte, nein, *musste* mich vor dem Anblick dieses Gesichtes schirmen! Was hatte ich getan, was hatte ich im Sinn, dass die Götter mir ein solches Zeichen des Grauens sandten? Was hatte diese Teufelsfratze zu bedeuten? War es nicht nur Gerechtigkeit, die ich für mich und mein Haus forderte? Ich wagte nicht, die Hand von den Augen zu nehmen; ich hätte den Verstand verloren, hätte ich nochmals in dieses Gesicht blicken müssen!

Irgendwann beruhigte ich mich ein wenig. Mein Herz begann, wieder regelmäßiger zu schlagen, und schließlich nahm ich die Hand von den Augen. Das Gesicht war verschwunden. Vor mir strahlte wieder der alte Mond, dessen gütiges Antlitz ich auf so manchem nächtlichen Spaziergang liebgewonnen hatte. Die Erscheinung war fort.

Lange stand ich da, tief in Gedanken versunken. Ohne allen Zweifel war dies ein Zeichen. Die Götter missbilligten meinen Plan. Doch warum? Die Bäslacks hatten niemals Unrecht getan oder sich an den unsterblichen Göttern versündigt. Warum also wollten sie jetzt mein Recht auf Vergeltung nicht anerkennen? Gewiss war es nicht um des Fürsten willen. Wenn es so etwas wie Gerechtigkeit und ethisches Empfinden auf Erden und im Olymp gab, so mussten auch sie den Tyrannen verabscheuen. Warum also dann? Ich überlegte fieberhaft, und dann fiel mir die Gemahlin des Fürsten ein. Wohl hatten die beiden getrennte Schlafgemächer, doch bisweilen verbrachten sie auch gemeinsam die Nacht im Gemach des Fürsten. Wenn sie heute Nacht bei ihm war, was sollte ich tun? Sollte ich sie töten? Sollte ich eine Frau töten, die ihrer Schwäche wegen doch dem Schutz des Mannes unterstellt ist? Sogleich erkannte ich, dass nur hierin der Grund für die nächtliche Erscheinung liegen konnte. Die Götter wollten mich warnen, eins ihrer hehrsten Gebote zu übertreten, wodurch ich dem Hause Bäslack Schande und Verdammnis bereitet hätte statt ihm Ruhm und Ehre zu schenken.

Ich fiel auf die Knie und dankte den Göttern aus reinstem Herzen, ja, ich meine sogar, dass mir Tränen über die Wangen liefen. Doch durfte ich nun nicht zaudern. Was, wenn man mich mit der Mordwaffe in der Hand sähe? Ich erhob mich und eilte die Treppe wieder hinab. O, wie laut wollten mir meine Schritte nun dünken. Im ganzen Haus glaubte ich sie widerhallen zu hören. Gewiss würde sie irgendjemand hören und herbeieilen. Weshalb führte ich des Fürsten Schwert zu nachtschlafender Stunde spazieren? Ich dachte krampfhaft über eine Antwort nach, doch meine Gedanken verwirrten sich und sprengten schließlich in alle Winde davon. Ich eilte weiter. In jedem Schatten glaubte ich einen Verfolger, den Chefkoch, den Leibdiener, den Verwalter zu erkennen. Weiter ging´s, den endlosen Gang entlang, die Tür zum Speisesaal aufgestoßen, atemlos an Stühlen und dem schweren Eichentisch vorbei zum Kopfende. Mit zitternden Händen wollte ich das Schwert wieder in die Halterung an der Wand führen, aber, ich sagte es bereits, im Saal war es dunkel, und vergebens versuchte ich, die Haken zu ertasten, an denen es aufgehängt war, bis – ich glaubte, mein Herz wolle zerspringen! – das Schwert meinen Händen entglitt und scheppernd auf dem Boden aufschlug!

Wie eine Explosion schlug der Laut durch den Saal und das ganze Haus, mein Trommelfell drohte zu bersten und ich war mir sicher, dass ich sogleich in Ohnmacht fallen und neben dem Schwert zum Liegen kommen würde. Meine Knie wurden weich und weicher, ich zitterte am ganzen Körper, doch die Besinnung verlor ich nicht. In Todesqualen hörte ich, wie der Schall des scheppernden Schwertes wieder und wieder von den Wänden hallte, als sähe er seinen ganzen Daseinsgrund nur darin, jeden, aber auch wirklich jeden im Haus aus dem Schlaf zu reißen! Ergeben in mein Schicksal stand ich da und wartete, bis man mich umzingeln und in irgendeinen Kerker werfen würde. Ich wartete und lauschte. Lauschte und wartete. Doch niemand kam. Der Schall war inzwischen verhallt, und ich stand regungslos da, das Schwert zu meinen Füßen.

Irgendwie muss ich es dann wohl geschafft haben, das Schwert wieder aufzuhängen und ungesehen in meine Kammer zu gelangen. An Einzelheiten kann ich mich allerdings nicht erinnern.

Am nächsten Morgen erwachte ich wie gerädert, doch ich begann pünktlich mit meiner Arbeit, um keinen Verdacht zu erregen. Irgendwie ging der Tag vorüber und ich verbrachte den ganzen Abend auf meiner Kammer. Ich fühlte mich sehr schwach, auch glaubte ich, leicht zu fiebern. Der nächste Tag. Wieder arbeitete ich in der Küche, wieder servierte ich dem Unhold seine Speisen, sah in die verhassten Augen, die doch längst auf immer hätten geschlossen sein sollen. Neben ihm seine Gemahlin, die nun ebenfalls nicht mehr unter den Lebenden gewandelt hätte, hätte sie das Götterdictum nicht bewahrt.

Die Arbeit auf dem Anwesen wurde mir nun unerträglich, und unentwegt dachte ich über neue Möglichkeiten nach, dem Scheusal ein Ende zu bereiten. Erneut entwarf ich und verwarf ich, während ich in der Küche hantierte oder im Garten mit irgendeiner Arbeit beschäftigt war. Am liebsten hielt ich mich nun draußen im Garten auf, an der frischen Luft und weit entfernt von den anderen. Vermutlich hatte ich es unbewusst bereits bemerkt, dass im Verhalten insbesondere des

Chefkochs eine Veränderung eingetreten war, und begann deshalb, dessen Gegenwart zu meiden. Bald erkannte ich aber auch ganz bewusst, dass dieser mich beobachtete. Wiederholt bemerkte ich die Blicke, die er mir zuwarf, wenn ich in der Küche beschäftigt war, wenn ich ihm auf dem Gang begegnete oder irgendwo draußen. Doch nicht nur der Chefkoch verhielt sich nun seltsam. Auch bei den Küchenfrauen fiel mir bald auf, dass sie in ihrem Geschwätz innehielten, sobald ich in ihrer Nähe war, und deutlich bemerkte ich auch die Blicke, die sie mir verstohlen zuwarfen.

Wussten sie etwas? Hatten sie einen Verdacht? Ich zermarterte mir das Hirn, was sie wissen konnten. Hatte vielleicht doch jemand gehört, wie das Schwert heruntergefallen war, und mich dann beobachtet, wie ich in meine Kammer zurückgeeilt war? Hatte ich das Schwert womöglich falsch aufgehängt? Ich musterte es beim nächsten Servieren aufmerksam – aber natürlich unauffällig! – , doch ich konnte nichts entdecken, was selbstverständlich nichts zu sagen hatte, denn gewiss hatte man es wieder in die ursprüngliche Position gebracht, sollte ich diese verändert haben. Oder hatte man die Pilze auf dem Rasen im Garten entdeckt? Vielleicht waren dem Chefkoch auch meine prallen Hosentaschen aufgefallen, als ich die Pilze mit in die Küche gebracht hatte.

Mir war klar, dass ich nun nicht mehr zögern durfte. Vermutlich hatte man die Rachepläne, die ich in meinem Busen trug, erkannt, sicherlich aber ahnte man sie. Ich grübelte nun pausenlos über einen neuen Plan nach, doch mir wollte nichts einfallen. Und eines Abends spürte ich, dass etwas mit mir nicht stimmte. Schon den ganzen Tag über hatte ich mich etwas flau im Magen gefühlt. Ich hatte dann Arbeiten im Garten vorgegeben, und an der frischen Luft wurde es dann etwas besser. Doch am Abend verschlechterte sich mein Zustand dann rapide. Ich hatte Magenschmerzen, die sich bald zu regelrechten Krämpfen steigerten. Hinzu kam eine Übelkeit, wie ich sie nie zuvor gekannt hatte. Ich legte mich hin, doch es wurde immer schlimmer. Bald übergab ich mich und bekam dann auch noch einen Durchfall, der fast die ganze Nacht anhielt, und schon glaubte ich, das Ende sei nah. Obwohl vor Schmerz und Übelkeit fast von Sinnen, wurde mir doch sogleich klar, dass man versuchte, mich zu vergiften. Man wusste also um meinen Plan und trachtete nun danach, mich aus dem Weg zu schaffen, bevor ich ihn in die Tat umsetzen konnte. Wer auch immer es entdeckt hatte, hinter dem Ganzen stand natürlich der satanische Alte. O nein, er trat mir nicht entgegen und durchbohrte mich mit dem Schwert, wie ich es getan hätte, er befahl seinen Lakaien, mich zu vergiften!

Irgendwie überstand ich die Nacht, war aber am nächsten Tag nicht in der Lage, aufzustehen. Man sah nach mir, als ich nicht zur Arbeit erschien. Auch der Chefkoch kam, zeigte sich besorgt, fragte, ob ich vielleicht etwas Verdorbenes gegessen hätte, und ich musste alle Willenskraft aufbieten, ihm nicht mit meinem Nachttopf den Schädel einzuschlagen!

Man brachte mir auch etwas zum Essen auf meine Kammer, was ich selbstverständlich nicht anrührte. Stattdessen ernährte ich mich von einigen Brotresten, die ich in meinem Schrank verstaut hatte. Bald spürte ich, dass das Gift auch mein Nervensystem angegriffen hatte, denn bisweilen fühlte ich eine leichte Lähmung in meinem rechten Arm. Der Arm war nicht vollständig gelähmt, aber doch so geschwächt, dass ich ihn kaum zu heben vermochte. Nach einer gewissen Zeit ließ die Lähmung dann etwas nach, aber auch so war der Arm noch geschwächt.

Ich musste mich jetzt beeilen. Musste jetzt, noch auf dem Krankenlager, einen Plan ersinnen, den ich sogleich ausführen würde, sobald ich wieder halbwegs hergestellt war. Denn anscheinend war die Dosis, die man mir in eine meiner Mahlzeiten gemengt hatte, nicht ausreichend gewesen, mich zu töten. Das Versäumte versuchte man nun, mit den vergifteten Speisen nachzuholen, die man mir auf die Kammer gebracht hatte und die ich vorläufig in meinem Schrank verwahrte. Ich würde diesen Anschlag also wohl überleben, aber ich musste vorsichtig sein und mich beeilen. Außerdem musste ich berücksichtigen, dass der Alte nun gewarnt war. Es würde nun noch schwerer werden, an ihn heranzukommen. Ich überlegte, ob in den Büchern, die ich in meiner Kammer stehen hatte, etwas über Mordanschläge zu lesen war. Aber nein, um Morde ging es dort nicht. Dann kam mir eine vielversprechende Idee. Ich entsann mich, dass eins der Dienstmädchen einmal auf der Treppe, die zum Schlafgemach des Fürsten führt, ausgerutscht war und sich dabei den Fuß gebrochen hatte. Wenn nun der Fürst dieselbe Treppe hinabstürzte, sich aber nicht den Fuß, sondern gleich den Hals brechen würde? War ich erst einmal wieder auf den Beinen, so würde es mir nicht schwer fallen, unter irgendeinem Vorwand die Treppe hinaufzusteigen und die Stufen mit Seifenwasser zu wischen, kurz bevor der Fürst zum Essen herabkäme. Hierbei würde ich allerdings nicht die oberen Stufen einseifen, sondern die mittleren, sodass er auch bei einem Sturz auf den Rücken mit dem Kopf auf eine Stufe aufschlagen würde. Nach eingehender Überlegung musste ich diesen Gedanken allerdings wieder fallenlassen, nicht zuletzt, da ich nicht ausschließen konnte, dass hierbei Unschuldige zu Schaden kämen. Und gerade davor hatten mich die Götter ja gewarnt.

Nach zwei Tagen war ich so weit wiederhergestellt, dass ich wieder meiner Arbeit nachgehen konnte. Man gab sich mitfühlend, erkundigte sich nach meinem Ergehen, zeigte sich besorgt, ich solle mich ja nicht überanstrengen, und in ihren heuchlerischen Augen sah ich, dass sie nur auf die nächste Gelegenheit warteten, mir endgültig den Garaus zu machen. Ich tat, als hätte ich sie nicht durchschaut, zeigte mich erfreut über so viel Wohlwollen, lächelte in ihre verlogenen Visagen mit derselben Niedertracht, die sie mir entgegenbrachten.

Schließlich rief der Chefkoch mich zu sich, und an der Art seines Grinsens erkannte ich sogleich, dass das Schlimmste zu befürchten stand. Man habe ihm zugetragen, dass das Dienstmädchen, das gewöhnlich für die Reinigung des fürstlichen Schlafgemaches zuständig war, ausgefallen sei. Ersatz müsse also her. Und da habe er nun an mich gedacht, denn nach meiner Erkrankung sei ein leichter Reinigungsdienst doch gewiss angenehmer als die schwere Arbeit in der Küche und im Garten. Er zeigte mir, wo die entsprechenden Reinigungsmittel zu finden waren, und ließ mich dann mit einem hinterhältigen Grinsen allein. Ich war während der gesamten Zeit völlig ruhig geblieben, tat so, als sei es das Natürlichste der Welt, dass ich nun das Schlafgemach des Unholdes betreten musste, dass ich nun den Ort betreten musste, an dem ich den Tyrannen erst vor wenigen Tagen fast ermordet hätte! O ja, ich erkannte es. Mein Feind war geschickt. Er wollte mich psychisch zermürben, bevor er mich physisch vernichtete. Nun sollte ich das Schlafgemach betreten, von dem sie offenbar meinten, die Geister meiner geplanten Tat würden noch darin spuken. Und diese Geister sollten mich nun quälen, mir meine Verworfenheit vor Augen führen, mich mit Gewissensbissen überladen. Und dazu noch die Demütigung, dass der letzte Abkömmling des Hauses Bäslack die Arbeiten eines Dienstmädchens verrichten musste!

Mit geballten Fäusten und knirschenden Zähnen stampfte ich die Treppe hinauf, begab mich dann direkt in die stinkende Höhle des Scheusals. Ich schenkte dem Raum keinerlei Aufmerksamkeit, sondern erledigte einfach die Arbeiten, die der Chefkoch mir aufgetragen hatte. Ich war gerade mit der Reinigung der Fenster beschäftigt, da fiel mein Blick über die Gartenanlage zu den Pferdeställen, zu dem etwas abseits gelegenen Stall, in dem der Fürst sein Lieblingspferd untergebracht hatte. Bukephalos hatte er den Hengst in eitler Selbstüberschätzung genannt. Und beim Anblick dieses Stalles begann eine neue Idee in meinem Geist Gestalt anzunehmen. Niemand außer dem Fürsten durfte Bukephalos reiten, niemand außer ihm den Stall betreten, ja, selbst die Fütterung und das Ausmisten übernahm er selbst. Das also war der Ort, an dem er jeden Tag alleine anzutreffen war, wo niemand ihn hören würde, wenn er um sein Leben flehte und röchelnd seinen letzten Atem aushauchte! Ich hätte mich ohrfeigen können, dass ich nicht schon früher auf den Gedanken gekommen war. Denn ich kannte den Stall, ich kannte Bukephalos und ich wusste, wie man ungesehen in den Stall kam. Schon vor Monaten hatte ich dem Fürsten eine Kostprobe meiner Verachtung ihm gegenüber gegeben, indem ich durch ein defektes Fenster in der Rückwand in den Stall gestiegen war und das Pferd gestreichelt hatte. Jenes Fenster nämlich schloss nicht richtig und ließ sich ohne Probleme mit einem Messer öffnen. Dort und nirgendwo anders, im Angesicht seines geliebten Bukephalos sollte das Scheusal sein Ende finden.

Sofort spürte ich, wie frischer Lebensgeist meinen matten Körper durchdrang, und in Windeseile stand der gesamte Plan fertig vor mir und wartete nur darauf, in die Tat umgesetzt zu werden. Morgen, gleich morgen früh, noch bevor es dämmerte, würde ich mich zum Stall schleichen, durch das defekte Fenster einsteigen, mich über die Leiter auf den Dachboden über dem Pferdestand begeben und dort auf ihn warten. Wenn er dann käme, um Bukephalos zu füttern, würde ich mich vom Dachboden auf ihn stürzen, ihn überwältigen, aber ich würde ihn nicht mit dem Messer töten. O nein, nicht durch das Messer sollte er sterben. Die Demütigung, die er mir gerade bereitete, indem er mich sein Schlafgemach reinigen ließ, würde auf ihn zurückfallen. Wie einen räudigen Verbrecher würde ich ihn erhängen! Jawohl, erhängen. In dem Stall gab es genügend Stricke und der Dachboden wurde von etlichen stabilen Balken getragen. Dort baumelnd würde er mit hervorquellenden Augen zusehen, wie ich seinen Bukephalos liebkoste und hinter den Ohren kraulte, und in dem sicheren Wissen, dass sein Schatz nun auf mich übergehe, würde er sich in Todesqualen winden.

Noch nie in meinem Leben hatte ich mich dermaßen angespannt und voll Tatendrang gefühlt, und ich wusste, dass es nun ein Ende nehmen würde. Ich erledigte meine Arbeiten und begann, meine Vorbereitungen für den kommenden Morgen zu treffen. Auf dem Anwesen bleiben konnte ich natürlich nicht. Früher oder später – eher früher als später – würde einer ihrer Anschläge glücken. Ich suchte also meinen Besitz zusammen und packte ihn in einen kleinen Wandersack. Die Nacht verbrachte ich entspannt, geradezu heiter sah ich dem Morgen entgegen, und für einige Stunden schlief ich sogar.

Noch vor dem ersten Hahnenschrei machte ich mich auf. Zum letzten Mal schlich ich durch das Anwesen und durch die zum Garten führende Tür. Der Mond war bereits im Sinken begriffen, schien aber noch hell genug, um den Hof und den Garten in tiefe Schatten zu hüllen. Sein Antlitz war rein, wurde durch keine Wolke entstellt, und ich atmete auf. Ich verließ das Gebäude und eilte über die Rasenfläche hinüber zu den Pferdeställen. Irgendwo hörte ich einen Hahn krähen. Ich schlich zur Rückwand von Bukephalos´ Stall und öffnete das defekte Fenster. Bukephalos hörte mich sogleich und stieß ein misstrauisches Wiehern aus. Ich sprach ihn an, gab mich zu erkennen, und er verstummte. Dann stieg ich ein und verschloss das Fenster wieder. Ich ging zu dem Pferd, rief es beim Namen, und schließlich kam es zur Pforte des Standes und ließ sich streicheln. Doch ich würde später noch genügend Zeit finden, mich mit ihm zu befassen, wenn ich ihn erst mein Eigen nennen konnte. Ich sah mich nach einem passenden Balken um und hatte auch bald einen entdeckt, der direkt über der Pforte des Standes verlief. Ich nickte befriedigt und stieg dann die Leiter zum Dachboden empor. Jetzt befand ich mich genau über Bukephalos, und durch einen Spalt im Boden konnte ich schemenhaft die Stalltür erkennen, durch die mein Erzfeind nun bald eintreten würde. Auf dem Boden befand sich allerlei Gerümpel, das sich in der Dunkelheit nur schwer identifizieren ließ. Ich tastete mich vor, stieß mir schmerzhaft den Kopf, doch endlich hatte ich gefunden, was ich suchte. Ein Strick. Er schien genau die passende Größe zu haben und ich frohlockte. Ich hatte ihn gerade zusammengewickelt, da vernahm ich ein Geräusch. Auch Bukephalos schien etwas gehört zu haben, denn er wieherte. Ohne Zweifel näherten sich dort Schritte. Sollte der Alte schon so früh kommen? Mein Herz begann zu rasen und ich schlich zu meinem Platz nahe dem Rande des Dachbodens zurück. Durch den Spalt beobachtete ich die Tür, und tatsächlich sah ich durch eins der Seitenfenster den Schein einer Laterne dringen. Er kam! Sekunden später nur hörte ich, wie sich ein gewaltiger Schlüssel in dem Schloss drehte. Bukephalos wieherte erfreut auf. Und dann öffnete sich die Tür und ich blickte in das verhasste Gesicht, das nun im Schein der Laterne noch zerfurchter und älter aussah als bei Tageslicht.

»Guten Morgen, mein Bester«, begrüßte er das Pferd; dieses wieherte einen Gruß zurück und begab sich zu der Pforte, um sich streicheln zu lassen. Zärtlich kraulte er Bukephalos hinter dem Ohr, und ich musste ein Lachen niederkämpfen. *O ja, kraule ihn nur, solange er noch dein ist und du in der Lage bist, Pferdeohren zu kraulen!* Nun begab er sich in den hinteren Teil des Stalls, um das Futter zu holen. Vorsichtig kroch ich ein Stück vor, bis ich den Rand des Bodens erreicht hatte. Ich befand mich in etwa drei Metern Höhe, gewiss würde ich durch den Sprung ausreichend Schwung erhalten, um den Alten niederzustrecken. Einige Fausthiebe mussten genügen, um ihn so benommen zu machen, dass ich ihm den Strick um den faltigen Hals legen konnte. Ich hörte ihn hantieren und zu Bukephalos sprechen. Vorsichtig, ganz vorsichtig schob ich meinen Kopf vor, Zentimeter um Zentimeter, und endlich konnte ich den Stallboden sehen. Wenn er zurückkam, das Futter in den Händen, würde ich mich hinabstürzen und endlich meine Rache vollziehen. Ich hörte mein Herz schlagen, wie das eines Kriegers vor der Schlacht hämmerte es in meiner Brust und ich glaubte schon, es müsse jeden Augenblick bersten! O ja, nun konnte ich nachempfinden, was Achilles gefühlt hatte, als er Hektor zum Zweikampf forderte. Und da endlich hörte ich die Schritte des Strolches, sah seine Gestalt. Nur noch wenige Meter, dann war er unter mir. Der Strick. Natürlich musste ich mit dem Strick hinabspringen! Ich hatte doch keine Zeit, nochmals auf den Dachboden zu steigen, nachdem ich ihn überwältigt hatte. Ich wollte meinen rechten Arm nach dem Strick ausstrecken und ... nichts. Es ging nicht. Der Arm bewegte sich nicht! Weder vor noch zurück. Ich befahl ihm, nach dem Strick zu greifen, doch er verweigerte den Gehorsam. Wieder und wieder, mit aller Kraft versuchte ich, ihn zu bewegen, und sei es nur um Zentimeter, doch das Ergebnis war wieder und wieder dasselbe: nichts. Meuterei mitten im Schlachtgetümmel! Doch dann erkannte ich: das Gift! Aber natürlich! Bereits an jenem Abend, nachdem man mich vergiftet hatte, war der Arm fast gelähmt gewesen. Ohne Zweifel handelte es sich hier um eine Spätfolge des Anschlages. Selbstverständlich hätte ich nun den Strick mit der anderen Hand fassen können, doch wie sollte ich mit nur einem Arm kämpfen?

Tatenlos musste ich miterleben, wie das Scheusal das Futter vor Bukephalos ausbreitete, weiterhin dieselbe Luft einatmete wie ich. Ich versuchte erneut, den Arm zu regen, doch es was zwecklos. Mit den Tränen kämpfend drehte ich mich auf den Rücken und starrte zur Decke, während von unten das sinnlose Geplapper des Alten zu mir drang.

Irgendwann war er dann fertig. Die Tür öffnete und schloss sich wieder, wurde dann verriegelt. Und nun, da die Laterne verschwunden war und es eigentlich hätte wieder dunkel sein sollen, bemerkte ich mit Schrecken, dass es bereits zu dämmern begonnen hatte. Ich musste fliehen, und zwar schnell. Ich machte mich also auf und stieg mit meinem Wandersack die Treppe hinunter. Mit meinem gesunden Arm trug ich den Sattel zum Pferdestand und öffnete die Pforte. Ich sprach Bukephalos mit Namen an, doch sei es, dass er sich nicht beim Fressen stören lassen wollte oder dass er zu einem Ausritt einfach nicht in der Stimmung war, jedenfalls zeigte er keinerlei Entgegenkommen, als ich ihn zu satteln versuchte. Herrisch warf er den Kopf zurück, begann zu wiehern, stellte sich schließlich gar auf die Hinterbeine und stieß mich dann – ich nehme an, ohne Absicht – mit einiger Wucht um. Ich versuchte, ihn zu beruhigen, denn der Radau, den er veranstaltete, musste meilenweit zu hören gewesen sein. Als ich den Pferdestand verließ, regte er sich endlich ab, und nun wurde mir klar, dass ich ihn eh nicht hätte mitnehmen können. Die Tür war verschlossen. Hätte ich ihn durch das Fenster zerren sollen?

Ich nahm also meinen Sack und kletterte aus dem Fenster, was sich mit nur einem Arm als recht beschwerlich herausstellte.

Es wurde nun sehr schnell heller. Im Anwesen brannten bereits die ersten Lichter. Geduckt lief ich zum nächsten Pferdestall, der glücklicherweise nicht verschlossen war. Ich hatte nun nicht mehr viel Zeit zum Auswählen und entschied mich für Ferdinand, der regelmäßig meinen Karren zog, wenn ich Besorgungen in der Stadt zu erledigen hatte. Ferdinand war im Grunde kein richtiges Pferd, sondern mehr ein Maulesel, dafür aber war er mein treuer Begleiter und iahte auch sogleich erfreut, als er mich nahen sah. Ich führte ihn hinaus, ging mit ihm aber nicht zum Haupttor, das vom Anwesen her gut einsehbar und zudem noch verschlossen war, sondern zu dem zum Walde hin gelegenen Seitentor, das sich in der Regel mit einigen energischen Handgriffen öffnen ließ. Mit Ferdinand neben mir schritt ich also in den beginnenden Tag. Das Seitentor passierten wir ohne Probleme, und bald schon waren wir in den Tiefen des Waldes verschwunden. Ich vermutete, dass uns eine, vielleicht auch zwei Stunden blieben, bis man unsere Flucht bemerkte. Das war nicht viel. Ich schwang mich also auf Ferdinands Rücken und trieb ihn zur Eile an. Doch wie es so ist mit Mauleseln, sie haben ihren eigenen Kopf. Nachdem der erste Enthusiasmus über den morgendlichen Ausflug verflogen war, wurden seine Schritte langsamer und langsamer, und bald bewegte er sich gar nicht mehr, sondern entschied, dass es nun Zeit für das Frühstück sei. Während ich ihn beim Grasen beobachtete, wurde mir klar, dass ich ohne ihn weitaus schneller vorankäme. Auch würde ich mit einem Maulesel an der Seite viel mehr Aufsehen erregen als alleine, und Aufsehen war das Letzte, was ich nun gebrauchen konnte, da bald schon die Häscher des Fürsten an meinen Fersen haften würden. Ich verabschiedete mich also von meinem Gefährten und ging alleine weiter.

Zum Glück war der Wald sehr ausgedehnt, sodass ich den ganzen Tag marschieren konnte, ohne einer Menschenseele zu begegnen. Mit der Zeit bekam ich auch wieder etwas Gefühl in meinem rechten Arm und gegen Abend konnte ich ihn wieder vollständig bewegen. Die Nacht verbrachte ich im Wald, und erst am folgenden Morgen schien es mir sicher genug, ein Dorf zu betreten, das immerhin etliche Kilometer vom Anwesen entfernt liegt. Dort kehrte ich in einem Gasthaus ein und mietete mir ein Zimmer. Und hier sitze ich nun und habe diesen Bericht nun doch fast beendet, bevor mich die Henker des Fürsten fassen konnten.

Wie es nun weitergeht? Ich sagte bereits, dass ich der letzte Abkömmling des Hauses Bäslack bin. Mit mir also endet die Geschichte unseres Hauses.

***

Pater Bethel

Bekanntlich können die gottlosen Mächte und Triebe ungehemmt walten, wenn ihnen nicht die Mächte des Guten entgegentreten und Einhalt gebieten. Wenn diese Weisheit noch eines Beweises bedurft hätte, wo wurde dieser durch die Geschichte erbracht, die ich hier niederschreiben möchte. Nein, niederzuschreiben gezwungen bin.

Mein Name ist Pater Bethel, und Sie können mir ruhigen Gewissens glauben, dass das Auge eines Gottesmannes in ganz besonderem Maße geschärft ist für alles Unmoralische und Lasterhafte, mithin das Böse, das uns tagtäglich umgibt und uns auf all unseren Wegen begleitet. All unser Streben und Trachten darf nur dem einen Ende dienen, das Böse, in welcher Gestalt auch immer es sich offenbaren mag, zu erkennen und unsere Brüder und Schwestern vor ihm zu bewahren. Und es ist nur zu gut bekannt, dass hier in erster Linie unsere Schwestern unserer Obhut und Aufmerksamkeit bedürfen, denn natürlich ist das Weib in ihrer moralischen Schwäche ganz besonders anfällig für Laster und Sünde.

Unsere Geschichte begann in den Abendstunden eines frostigen Januartages. Stattlich sah er aus. Ja, ich meine, stattlich ist der passende Ausdruck, um sein Äußeres zu beschreiben. Großgewachsen mit einem schwarzen Vollbart und tadellos gekleidet, machte er alle Bedenken, die man einem neuen Mieter gegenüber gewöhnlich zu hegen pflegt, sogleich vergessen, wenn er auch auffällig und schon krankhaft blass wirkte. Er stellte sich als D. vor und sagte, er habe gehört, dass wir ein Zimmer zu vermieten hätten, und so erkundigte er sich also in formvollendeter Höflichkeit, ob dieses noch frei sei. In der Tat hatten wir nicht nur ein, sondern gleich zwei Zimmer zu vermieten. Eins befand sich im Kellergeschoss, das andere ganz oben im Dachgeschoss, direkt oberhalb der Wohnung, die wir G., einem alten Freund von mir, vermietet hatten.

Ich führte ihn zuerst in unsere im Erdgeschoss gelegene Wohnung, um ihn meiner Frau und meiner Tochter vorzustellen. Auch hier verhielt er sich sehr höflich, ja, gab meiner Tochter gar in der Manier alter Kavaliere einen Handkuss, warf ihr dabei allerdings einen Blick zu, der mir als besorgtem Familienoberhaupt etwas zu lang und innig dünken wollte. Dann geleitete ich ihn in das Kellergeschoss, wo sich eins der beiden zu vermietenden Zimmer befand. Das Zimmer war tadellos. Es war sauber und geräumig, befand sich aber nun einmal im Keller und war daher sehr dunkel. Ich rechnete also damit, dass er es ablehnen werde, doch zu meinem Erstaunen sagte er sogleich, dass er es nehmen wolle, und verzichtete sogar darauf, das im Dachgeschoss befindliche Zimmer überhaupt zu besichtigen. Er sei nämlich, so begründete er seine Wahl, im Sicherheitsdienst bei einem großen Unternehmen tätig und müsse momentan in der Nachtschicht arbeiten. Und da wäre es doch sehr ungelegen, wenn er ein Zimmer im Dachgeschoss hätte und jeden Morgen, da er von der Arbeit komme, das ganze Haus aus dem

Schlaf schrecke, indem er die doch sehr zahlreichen Stufen hinaufsteige.

Gegen diese Argumentation vermochte ich zunächst nichts einzuwenden und so vermietete ich ihm das Zimmer. Nachdem die Formalitäten erledigt waren, bezahlte er den Mietzins für einen Monat im Voraus, und am folgenden Abend zog er dann ein. Und hier nun fiel mir etwas Ungewöhnliches auf. Er schien kaum Gepäck bei sich zu haben. Ich begegnete ihm während des Einzuges kurz im Treppenhaus und sah nur einen Koffer und eine Tasche bei ihm. Allerdings vergaß ich den Vorfall bald wieder, zumal in den folgenden Tagen kaum etwas von ihm zu hören oder zu sehen war. Am Abend ging er zur Arbeit und in den Morgenstunden, wenn wir noch schliefen, kehrte er wieder zurück. Tagsüber schlief er dann wohl. Eigentlich also der perfekte Mieter.

Am Sonntag nach seinem Einzug dann hielt ich bewusst Ausschau nach ihm, während ich in der Kirche die Messe las. Er hatte mir erzählt, dass er sonntags nicht arbeite, weder tagsüber noch nachts. Er hätte also ohne Probleme erscheinen können, doch ich suchte vergebens. Und das war nun doch merkwürdig, denn warum sollte ein gottesfürchtiger Mensch die Gelegenheit versäumen, den Gottesdienst zu besuchen?

So horchte ich denn den ganzen Sonntag über, ob ich ihn im Treppenhaus höre, und gegen Abend bemerkte ich dann, wie sich unten im Keller etwas regte, er offensichtlich im Begriff stand, sein Zimmer zu verlassen. Ich eilte aus der Wohnung und tat, als träfe ich ihn rein zufällig im

Treppenhaus. Er begrüßte mich aufs Höflichste, ich erkundigte mich nach seinem Ergehen und bat ihn in unsere Wohnung, schließlich habe man sich seit seinem Einzug ja nicht mehr gesprochen. Er sagte auch sichtlich erfreut zu und betrat mit mir die Wohnung. Auf dem Flur kam uns meine Tochter entgegen, und erneut begrüßte er sie in dieser doch recht antiquierten Form mit einem Handkuss und maß sie dann mit demselben Blick, den er ihr bereits bei ihrer ersten Begegnung zugeworfen hatte und unter welchem, ich erkannte es genau, die Gesichtsfarbe meiner Tochter in einen dunklen Rotton überging. Ich führte den jungen Mann geschwind in mein Arbeitszimmer und forderte ihn mit einer Handgeste auf, auf dem Diwan neben meinem Bücherregal Platz zu nehmen. Ich setzte mich ihm gegenüber und begann eine harmlose Plauderei. Wie ihm denn das Zimmer gefalle, wie es auf der Arbeit gehe, gewiss sei es sehr beschwerlich, ständig des Nachts auf den Beinen zu sein. Ausgezeichnet gefalle ihm das Zimmer, überhaupt, das ganze Haus sei sehr angenehm – hier horchte ich sogleich auf! – , auch auf der Arbeit stehe alles zum Besten und, nein, die nächtliche Tätigkeit gefalle ihm sogar sehr gut.

»Die Nacht hat ihren ganz besonderen Reiz«, vertraute er mir an, und ich meinte, ein eigenartiges Glänzen in seinen Augen zu bemerken. Dann fragte ich ihn, wie ihm denn meine heutige Messe gefallen habe und tat so, als habe er diese selbstverständlich besucht. Hier nun wurde ihm nur zu deutlich unbehaglich, und – der Allmächtige möge mir vergeben – ich genoss es, wie er sich vor mir in Verlegenheit wand. Schließlich gestand er, dass er sie gar nicht besucht habe, und ich tat erstaunt, ja, gab mich geradezu verletzt, dass er die Messe seines Vermieters versäumt habe. Er wurde nun noch verlegener und brachte seine Arbeit als Entschuldigung vor. Er habe in der Nacht von Samstag auf Sonntag so lange arbeiten müssen und die Messe sei schon so früh am Morgen gewesen, na ja, und wie das so sei. Ich nickte und tat verständnisvoll, unterließ es aber nicht, ihn auf die Notwendigkeit eines moralischen Lebenswandels, gerade bei jungen Leuten, hinzuweisen. Denn gerade die Jugend ist es doch – das machte ich ihm nachdrücklich klar – , die besonders leicht vom Pfade der Tugend abweicht, wenn Gottes weise Hand sie nicht lenkt. Er nickte, gab sich einsichtig, und ich begann, ihm die Versuchung Evas durch den Erzfeind und den folgenden Sündenfall zu erläutern. Er hörte artig zu, nickte auch regelmäßig. Ich sprach über die Vertreibung Adams und Evas aus dem Garten Eden, über die Ermordung Abels durch seinen Bruder. Hierzu holte ich meine Sonntagsbibel vom Schreibtisch und las ihm die entsprechenden Kapitel vor. Dann kam ich zu Josephs Aufenthalt in Ägypten und wie das Weibe Potiphars ihn zu verführen suchte. Es folgte eine Abhandlung über die Plagen, die der Herr über den Pharao hatte kommen lassen, und über den Auszug der Kinder Israels aus Ägypten. Dann las ich ihm die zehn Gebote vor, zitierte noch so manches Erbauliche aus den Psalmen Davids und endlich – ich erläuterte gerade den Hochmut Nebukadnezars –

musste ich feststellen, dass mein Gast tief und fest auf meinem Diwan schlief! Jawohl, er schlief. Doch er schlief nicht nur, zu allem Überfluss gab er noch deutlich vernehmbare Schnarchgeräusche von sich!

Lange Zeit saß ich da und beobachtete diesen Menschen. Beobachtete, wie sein Kinn langsam auf seine Brust sackte, wie sein Kopf sich dann langsam nach links wandte und nach hinten an das Rückenpolster des Diwans fiel, sodass er nun mit geöffnetem Mund die Decke anschnarchte. Ich erhob mich und begab mich zu meinem Schreibtisch, auf dem ich meine Bibel mit einigem Geräusch ablegte. Hierauf erwachte er sogleich und sah mich verwundert an. Wie spät es doch schon sei, stammelte er dann und entschuldigte sich, mich so lange aufgehalten zu haben. Daraufhin erhob er sich, empfahl sich mit einem Nicken und eilte aus dem Zimmer.

Mein Argwohn war nun natürlich geweckt. Was sollte man von einem Menschen halten, der einfach einschlief, während man ihm aus der Heiligen Schrift vorlas?! Ich beschloss sogleich, ihn von nun an nicht mehr aus den Augen zu lassen. Ihn und auch meine Tochter nicht.

So gingen die Tage dann dahin. D., mein Mieter, führte weiterhin sein Nachtleben und ich bekam ihn kaum zu Gesicht. Das galt auch für die Messe am folgenden Sonntag, auch da habe ich sein blasses Gesicht wiederum vergebens unter der Herde der Gläubigen gesucht. Noch größeren Verdruss bereitete mir hingegen meine Tochter. Sie wurde nun mit jedem Tag fahriger und unkonzentrierter. Sie vergaß, Aufträge auszuführen, die meine Frau ihr aufgetragen hatte, verrichtete ihre Hausarbeiten nachlässig oder gar nicht und, mir wollte der Atem stocken, beim Tischgebet war ihr sogar einmal ein Vers entfallen, der ihr von frühester Kindheit an bekannt gewesen war!

Ich war nun natürlich aufs Höchste alarmiert, wollte aber noch abwarten, bevor ich mit irgendjemandem darüber sprach oder gar erste Maßnahmen traf. Zunächst musste ich noch weitere Indizien haben, musste mir ganz sicher sein. Es war also notwendig, dass ich zunächst aufmerksam beobachtete. Ich bat daher meine Frau, am darauffolgenden Sonntag – an dem er natürlich wieder nicht zur Messe erschien! – ihr vorzügliches Krähenragout zu kochen, und lud ihn zu uns ein, wobei ich ihm den tatsächlichen Anlass meiner Einladung allerdings verschwieg. Zu einem gemütlichen Zusammensein wolle man sich treffen, wie Mieter und Vermieter das von Zeit zu Zeit nun einmal tun. Er zeigte sich erfreut und willigte auch sogleich ein. Wieder in unserer Wohnung angelangt, eröffnete ich vor meiner Frau und meiner Tochter, dass D. die Einladung mit Freuden angenommen habe, und sogleich musste ich feststellen, dass die altbekannte Unruhe und Zerstreutheit wieder von meiner Tochter Besitz ergriffen. Ich beschloss, sie und D. während des Essens genau im Blick zu behalten.

Fünf Minuten vor der verabredeten Zeit erschien D. dann. Makellos gekleidet, das Haar akkurat gescheitelt, und sogar den Duft von Rasierwasser glaubte ich zu riechen, obwohl er sich doch seit Jahren nicht rasiert haben konnte. Und wiederum die galante Begrüßung mit Handkuss, wieder dieser Blick, ich möchte fast sagen: dieser hypnotisierende Blick in die Augen meiner Tochter, wieder der Wechsel in deren Gesichtsfarbe.

Statt ins Wohnzimmer, wie er gewiss vermutet hatte, führte ich ihn dann ins Esszimmer. Man plauderte. Über unverfängliche Dinge. Die Arbeit. Das Zimmer. Das Haus. Ja, das Zimmer sei wirklich vorzüglich. Und überhaupt fühle er sich hier wohl wie noch nirgendwo. Meine Tochter lächelte verhalten, richtete zwar kein einziges Mal das Wort direkt an ihn, doch mir entgingen die Blicke natürlich nicht, die sie ihm zuwarf, wann immer sie sich unbeobachtet glaubte.

Dann servierte meine Frau das Krähenragout, und sogleich bemerkte ich, dass eine – scheinbar – unerklärliche Erregtheit von D. Besitz ergriff. Er habe gar nicht gewusst, dass man ihn zum Abendessen geladen habe, das sei ihm ja direkt unangenehm. Ich gab mich erstaunt. »Nanu, habe ich das denn gar nicht erwähnt?« Er schüttelte den Kopf, sagte aber weiter nichts. Stattdessen warf er meiner Tochter einen Blick zu. Ich beachtete sie nicht weiter und sprach das Tischgebet. Dann schenkte meine Frau das Ragout ein. Nur ein wenig, nur ganz wenig, bat D. Er esse um diese Zeit kaum jemals etwas und habe nur geringen Appetit. Meine Frau entsprach seiner Bitte und schenkte ihm nur sehr wenig ein, und ich beobachtete ihn genau.

D. begann nun, von der Arbeit zu sprechen, stellte seine Kollegen vor, gab etwas Klatsch zum

Besten. Es ist übrigens eine höchst unchristliche Sitte, während des Essens zu reden, statt tief im Herzen dem Herrn für die Mahlzeit zu danken, die er einem beschert hat. Nach der heutigen Messe fragte er natürlich nicht. Dafür nutzte er den Umstand, dass sich der Brotkorb außerhalb seiner Reichweite befand, dazu, sich direkt an meine Tochter zu wenden und sie um das Brot zu bitten. Diese errötete sogleich wieder und reichte ihm das Gewünschte dann mit einem – scheinbar! – verlegenen Lächeln. Und wie um die Fraternisierung, wenn wir es so nennen wollen, ganz außer jeden Zweifel zu stellen, griff sie nun ihrerseits nach dem Brot und begann, an diesem zu nagen.

So ging das Mahl dahin, während dessen sowohl D. wie auch meine Tochter das köstliche Ragout meiner Frau kaum anrührten, sondern in trauter Zweisamkeit von dem Brot zehrten.

Nachdem unser Gast gegangen war, begab ich mich sogleich in mein Arbeitszimmer und verbrachte mehrere Stunden in innigem Gebet und tiefster Andacht versunken. Unter Tränen flehte ich den Herrn an, unser Heim vor dem Laster und der Sündhaftigkeit zu bewahren, meiner Tochter die Kraft zu schenken, dem Bösen und der Versuchung zu widerstehen.

Mitternacht war bereits vergangen, als ich mich, nun voll Kraft und Zuversicht, von meinem Gebet erhob und mein Arbeitszimmer verließ. Meine Frau war bereits zu Bett gegangen, und in der Wohnung war es totenstill. Ich ging zum Schlafzimmer meiner Tochter, um ihr den nächtlichen Segen zu spenden, doch was musste ich entdecken, als ich die Tür öffnete? Ihr Bett war unberührt und verlassen! Ich bekreuzigte mich, fiel auf die Knie und flehte den Allmächtigen um Beistand an. Doch nur kurz, dann griff ich nach dem Kruzifix, das ich an einer Kette um den Hals trug, und eilte die Treppe hinab zu Ds Zimmer, stürmte hinein, und was fand ich vor? Leere. Nichts. Die beiden waren also ausgeflogen, ausgeflogen in finstre Nacht, die D. zufolge ja ihren ganz besonderen Reiz habe.

Ich war zerstört. Alle Kraft schien meinen morschen Knochen entfliehen zu wollen und ich fiel auf die Knie und haderte mit dem Herrn, dass er mich so grausam prüfen musste!

Gramgebeugt, in Minuten nur um Jahre gealtert, schlich ich in meine Wohnung zurück und weckte meine Frau. In Gebet und Tränen Trost suchend verbrachten wir die Minuten und Stunden, bis die Sündhafte endlich heimkehren würde. Wenn sie denn jemals heimkehren würde. O ja, das Weib ist schwach. Bislang hatte ich nur aus der Heiligen Schrift um diese Wahrheit gewusst, nun musste ich sie am eigenen Leib erleiden.

Die Minuten strichen dahin, die vierte Stunde hatte bereits geschlagen, da trat sie ins Wohnzimmer, wo ihre Mutter und ich noch immer um ihr Seelenheil beteten. Wohl erschrak sie, als sie uns hier sitzen sah, überwand ihren Schreck aber sogleich, entbot uns den Morgengruß und machte Anstalten, sich ohne weitere Erklärungen in ihr Zimmer zu begeben. Wo, in Herrgotts Namen, sie gewesen sei, fragte ich sie, und sie erwiderte, sie sei ausgegangen. Wohin? Ausgegangen sei sie eben. Ich erkannte die Gefahr sogleich. Ich spürte den Erzfeind, fühlte, wie er mit ihrer sündhaften Seele rang, ja, diese womöglich schon bezwungen hatte. Ich drang in sie, forderte sie auf, Buße zu tun, wieder zum Herrn zu finden, doch es war zwecklos. Sie könne tun und lassen, was sie wolle, immerhin zähle sie schon über dreißig Lenze. Ich nahm meine Bibel, hielt sie ihr vor das Gesicht, dass sie sie küsse, und da nun geschah es. Mit einem hasserfüllten Blick griff sie die Heilige Schrift und schleuderte sie quer durch das Zimmer in den Spiegel neben der Eingangstür!

Meine Seele schrie auf, und das Gelächter Satans und aller Dämonen der Hölle schallte durch das Wohnzimmer, als der Spiegel in tausend Stücke zerbrach. Meine Tochter entfloh in ihr Zimmer und zurück blieben ihre unglückliche Mutter und ihr Vater, dessen Lenden sie einst entsprungen war.

Unter welchen Qualen ich den Rest der Nacht und den folgenden Vormittag verlebte, kann ich kaum in Worte fassen. Doch wusste ich natürlich, dass nun höchste Eile geboten war. Aber zuvor stellte ich noch Nachforschungen über das Unternehmen an, bei dem D. arbeitete. Es stellte sich heraus, dass es sich um eine Speditionsfirma handelte, die vornehmlich Frachtverkehr nach Osteuropa abwickelte.

In den Abendstunden begab ich mich dann zu meinem Freund G., der direkt über uns wohnte. Ich erzählte ihm alles, ließ nicht ein Detail unerwähnt, und er stimmte mir zu, dass keine Minute zu verlieren sei. Wir trafen unsere Vorbereitungen und verbrachten den Rest der Nacht im Gebet.

In den Morgenstunden, da D. gewöhnlich heimkehrte, begaben wir uns in den Keller und klopften an seine Tür.

»Ja, bitte«, antwortete er nach kurzer Zeit, und wir traten ein. Er lag bekleidet auf seinem Bett und schien nicht in geringster Weise überrascht, uns zu sehen. Dieser Umstand beunruhigte mich nicht gering, denn offensichtlich wusste er, dass er durchschaut war und hatte sich womöglich entsprechend vorbereitet. Ich sandte ein Stoßgebet zum Herrn und bat ihn, dass er mir die Kraft verleihen möge, standhaft zu bleiben.

»Sie wissen, aus welchem Grund wir hier sind?«, fragte ich ihn, und er richtete sich auf. In seinen dunklen Augen sah ich es boshaft blitzen und ich erkannte, dass der Kampf, der vor uns lag, entsetzlich werden würde.

Er nickte.

Ich nickte ebenfalls. Wir wussten also alle drei, worum es ging, aber dennoch war es natürlich notwendig, ihn mit den Beweisen zu konfrontieren, und ich begann. Ein schönes Dachzimmer habe ihm zur Verfügung gestanden, hell und schön eingerichtet, aber er habe den Keller gewählt, den Ort also, an den kein Lichtstrahl jemals dringt. Seine Weigerung, eine Kirche, mithin geweihten Boden zu betreten, und als ich ihm aus der Heiligen Schrift vortrug, sei er eingeschlafen oder gar in eine Art Starre verfallen. Dann das Abendmahl, wo er nichts von dem Krähenragout gekostet habe. »Und wer ist in der Lage, das köstliche Krähenragout meiner Frau zu verschmähen, wenn nicht jemand, der lediglich an flüssige und rote, oder, sprechen wir es ruhig aus: an *blutrote* Nahrung gewohnt ist. Vermutlich hatten Sie meine Tochter zu jenem Zeitpunkt bereits infiziert, denn auch diese hat sich ja geweigert, christliche Speise zu sich zu nehmen.« In der Nacht seien die beiden dann auf die Pirsch gegangen, und bei der Rückkehr der Tochter schließlich der entscheidende Beweis, als diese das Wort Gottes von sich geworfen, in den Spiegel geschleudert habe, damit niemand bemerke, dass sie kein Spiegelbild habe. Und darin liege natürlich auch der Grund, weshalb er selber einen Vollbart trage, denn natürlich könne er sich ja unmöglich rasieren, da er ja ebenfalls kein Spiegelbild habe. Dann erwähnte ich noch sein spärliches Gepäck; denn was benötige er schon außer etwas Heimaterde, damit er auch in der Fremde ruhen könne. Vermutlich würden wir diese unter seiner Matratze finden, wenn wir nur nachschauten.

Nur zu deutlich merkte ich, wie die anfänglich zur Schau gestellte Gelassenheit von ihm wich und er, wenn möglich, sogar noch blasser wurde. Nur zu offensichtlich hatte er nicht damit gerechnet, von einem naiven Pater, für den er mich gewiss hielt, so vollständig durchschaut worden zu sein. Doch ich war noch nicht fertig. Ich eröffnete ihm, dass ich auch von seiner Firma wisse und den Ländern, mit denen diese Geschäftskontakte pflegte: Osteuropa. Rumänien. Transsilvanien. Und dann schließlich noch sein Name: D. wie Dracula!

Er war sichtlich getroffen, als ich diese letzte Wahrheit aussprach und er sich überführt wusste. Ich rechnete nun mit einem Angriff und nickte meinem Freund G. zu, doch D. blieb ruhig auf seinem Bett sitzen. Er schien zu überlegen, bisweilen huschte gar ein Lächeln über seine Lippen, die von seinem letzten Mahl – da war ich mir ganz gewiss – noch blutrot gefärbt waren. Er machte eine beschwichtigende Handgeste, als er unsere entschlossenen Mienen sah. Dann lachte er auf. Ja, er lachte uns ins Gesicht! Nun, da er erkannte, dass alles verloren war, glaubte er, uns in einer letzten Geste der Verachtung noch vor Augen halten zu müssen, was er von uns hielt. Eine nutzlose Geste, die nur aufs Neue seine niedrige Gesinnung verriet. Seine nun folgenden Erklärungs- und Rechtfertigungsversuche, die man nur zwei provinziellen Trotteln auftischen konnte, so ungereimt waren sie, zielten dann nochmals in dieselbe Kerbe.

Auf das Zimmer im Dachgeschoss habe er verzichtet, wie er mir bereits gesagt habe, weil er die Hausruhe nicht habe stören wollen, wenn er frühmorgens von der Arbeit nach Hause kam. Hier hätte ich nun fast aufgelacht. Jeder weiß, dass sich Kreaturen wie D. ohne Probleme in Fledermäuse verwandeln können. Er hätte also ohne Weiteres leise nach oben fliegen können. Die Messe habe er nicht besucht, da er an Sonntagmorgen stets sehr müde sei und er außerdem nicht als übermäßig religiös gelten könne. Aha, er gab es also selber zu! Aus diesem Grund sei er auch bei meinem Vortrag eingenickt. Von dem Krähenragout habe er nicht gegessen, da er Krähen nicht besonders möge und außerdem vegetarisch lebe. Ha, eins musste man dem Burschen lassen, humorlos war er nicht! Die Bibel habe meine Tochter nur deshalb von sich geschleudert, da sie verstimmt über meine ständigen Bevormundungen gewesen sei. Dass sie dabei den Spiegel getroffen habe, sei purer Zufall gewesen. Der Schlawiner schien sich ja prächtig mit Zufällen auszukennen! Und schließlich sei sein Name nicht Dracula, sondern Detlefson. Schon wieder so ein Angriff auf meine Intelligenz. Als ob ein Graf nicht über die Mittel verfügte, sich gefälschte Ausweispapiere zu besorgen! Dann kam er nochmals auf meine Tochter zu sprechen. In der Tat hege er ein Interesse an dieser. Allerdings habe er sie nicht infiziert, sondern sich in sie verliebt und wolle sie heiraten. Aus unerfindlichen Gründen brach hier nun mein Freund G. in schallendes Gelächter aus, und ich warf ihm einen irritierten Blick zu, woraufhin er dann verstummte. Jawohl, er wolle meine Tochter heiraten und habe vermutet, dass ich zu ihm gekommen sei, um eben über diese Angelegenheit mit ihm zu sprechen.

Ich nickte G. zu. Es waren nun genug der Worte. G. verstand und nickte zurück. Wir sammelten uns kurz und sprachen jeder für sich ein letztes Gebet, dann stürzte sich G. auf den Unhold und presste ihn auf das Bett. O ja, wir wussten um die Kraft der Untoten. Dracula wehrte sich, versuchte, G. von sich zu stoßen, doch Gott gab diesem die Stärke, den Höllenfürsten zu bändigen. Ich öffnete nun geschwind die Tasche, die ich bislang unauffällig hinter dem Rücken gehalten hatte, und holte einen Holzpflock und den Hammer heraus. Die Augen des Teufels weiteten sich vor Entsetzen, als er sein Ende nahen sah. Sein Hochmut war nun verschwunden. Er schrie, er bettelte, er flehte. Doch ich setzte den Pflock an sein verruchtes Herz. Meine Hände zitterten und ich fürchtete, das Werk nicht vollbringen zu können, womöglich gleich die Besinnung zu verlieren. Da sprach ich zu Gott, sprach ein Vaterunser, und sogleich spürte ich, wie frische Kraft meinen Leib und meine Seele durchdrang. Ich holte aus und schlug zu. Das Monster schrie auf, als sich der Pflock in sein Herz bohrte. Ein zweites Mal. Ein drittes Mal.

Dann herrschte Stille. Sein Herz war durchdrungen, die Laken des Bettes blutdurchtränkt. Doch nun, da ich in seine toten Augen sah, bemerkte ich zum ersten Mal so etwas wie Frieden in ihnen. Ja, ich war mir gewiss, dass das Böse nun von ihm gewichen und seine Seele für die Ewigkeit gerettet war. G. und ich bekreuzigten uns und sprachen ein Totengebet.

Da nun vernahmen wir Schritte die Treppe hinabeilen, und im nächsten Augenblick stürmte meine Tochter in das Zimmer. Sie schrie! Ihr Schrei hallte von den Wänden und drohte, meine Seele zu zerreißen. Ich hatte es befürchtet. Ich hatte zu Gott gebetet, hatte ihn angefleht, dass er mir zumindest dieses entsetzliche Geräusch ersparen möge, wenn er mich schon dermaßen prüfen musste, doch die Wege des Herrn sind unergründlich.

Ihr Schrei. O, wie glich er dem des unseligen D., als der Pflock sein Herz durchbohrte. So eng also war der dämonische Bund zwischen den beiden bereits, dass sie den Todesstoß gegen ihren Meister wie den Stoß durch das eigene Herz empfand. Sie war verloren. Ich wusste es, G. wusste es, der mir einen mitfühlenden Blick zuwarf. Ich fasste die hysterisch Schreiende und um sich Schlagende, fasste sie mit festem Griff. Es musste nun schnell gehen, bevor fehlgeleitete Vaterliebe mir das Herz erweichen würde. Zusammen mit G. drückte ich sie neben D. auf das Bett und holte einen weiteren Pflock aus der Tasche. Voll Entsetzen, dem Wahnsinn nahe, durchbohrte ich auch ihr Herz, auf dass ihre gemarterte Seele endlich Frieden finde.

Als der Pflock in ihrem Busen ruhte, fiel ich wie leblos neben dem Bett nieder. G. mahnte mich, dass das Werk noch nicht vollendet sei, doch ich fand nicht die Kraft und wies nur auf die Tasche, dass G. es selber beenden solle. Er nickte und holte die Säge hervor.

Nachdem G. den beiden die Köpfe abgetrennt und anschließend ihre Mundhöhlen mit Knoblauch gefüllt hatte, verließen wir das Zimmer und begaben uns in meine Wohnung. Lange Zeit verbrachten wir nun im gemeinschaftlichen Gebet. Doch was soll nun geschehen? Kann ich es vor dem Herrn verantworten, die beiden Unglückseligen in geweihter Erde zu bestatten? Würde ich mich eines Sakrilegs schuldig machen?

Ach, ich bete zum Allmächtigen um ein Zeichen. Diese Ungewissheit ist schwerer zu ertragen als jede Vampirjagd.

***

Vermisst

Die Natur hat uns vermutlich einen speziellen Instinkt eingepflanzt, der uns für die Schwachen und Gebrechlichen in unserer Gemeinschaft ganz besondere Sorge tragen lässt. Ein Herz aus Stein müsste haben, den das Leid eines hilflosen Geschöpfes nicht bewegte, ja, mit gutem Recht kann man gar behaupten, dass uns diese Fähigkeit zum Mitgefühl erst vom Tier abgrenzt und zu dem macht, was wir nicht ohne Stolz den zivilisierten Menschen heißen.

Wenn wir nun Zivilisation und Menschlichkeit am Grade des Vorhandenseins von Mitgefühl definieren wollen, so dürfen wir uns nicht scheuen, unser Städtlein als den Gipfel der Zivilisation zu bezeichnen, und gerne gestehe ich ein, dass es mich mit Stolz erfüllt, mich einen Sohn dieser Stadt nennen zu dürfen.

Das Ereignis, von dem ich hier erzählen möchte, ist tragisch, aber es zeugt auch in beeindruckender Weise von dem Mitgefühl, das die Bürger unserer Stadt für einander aufzubringen imstande sind, wie auch von deren Fähigkeit, in Zeiten der Not alle persönlichen Interessen hintanzusetzen und sich gegenseitig beizustehen.

Der Junge hieß Hannes und war mein Nachbar.

Eines Tages kurz vor den Sommerferien kehrte er nicht wie gewohnt um 12 Uhr von der Grundschule nach Hause zurück. Die Mutter war in der Mittagspause von der Arbeit zurückgekehrt, um einige Unterlagen zu holen, die sie am Morgen vergessen hatte, jetzt aber ihrem Chef vorlegen musste. Und da nun fand sie das Haus leer und verlassen vor, obwohl sie ihren Sohn ermahnt hatte, pünktlich heimzukehren, da er noch einige Aufgaben im Garten zu erledigen hatte. Die besorgte Mutter rief bei der Schule an, zudem bei einigen seiner Freunde, doch stets konnte man ihr lediglich bestätigen, dass er die Schule verlassen habe, wohin er aber gegangen sei, das wusste niemand zu sagen. Als der kleine Hannes um 14 Uhr immer noch nicht aufgetaucht war, verständigte die Mutter ihren Mann, der sich noch auf der Arbeit befand. Auch ich hatte inzwischen vom Fernbleiben des Jungen erfahren und war aufs Höchste beunruhigt. Ich kannte ihn recht gut. Er war für sein Alter außergewöhnlich zuverlässig und gewissenhaft, und ich wusste, dass er seine Mutter nicht ohne Grund in solche Unruhe versetzen würde. Als der Vater zu Hause angekommen war, beschlossen wir, uns sogleich zur Polizei zu begeben. Mittlerweile wusste auch die Nachbarschaft um das Verschwinden des Knaben, und so begleitete uns eine ganze Schar von Hilfswilligen auf unserem Weg zur Polizeistation. Polizeichef Dieselschuss nahm unsere Meldung entgegen und mobilisierte unverzüglich seine Truppe. Draußen war die Schar nun zu einer regelrechten Masse angewachsen, die den verzweifelten Eltern sogleich ihre Unterstützung bei der Suche anbot. Man ging jetzt allgemein davon aus, dass nicht bloße Säumigkeit der Grund für das Fernbleiben des Jungen sei, sondern wohl etwas Ernsteres, wenn sich auch noch niemand traute, seinen Befürchtungen laut Ausdruck zu verleihen.

Wir teilten die Menge vor der Polizeistation in zwei Gruppen, der Polizeitrupp bildete die dritte. Zur Kommunikation untereinander erhielt jede Gruppe ein Funkgerät, und so marschierten wir dann in unterschiedlichen Richtungen davon. Von allen Seiten strömten neue Freiwillige herbei, sprachen den Eltern ihr Mitgefühl aus und versprachen, alles in ihrer Macht Stehende zu unternehmen, um die Suche zu unterstützen. Bald schon war unsere Gruppe auf über hundert Menschen angewachsen, und den Eltern standen Tränen der Rührung in den Augen.

Gut eine Stunde zogen wir durch die Straßen und Gassen, ließen keine Ecke, keinen Winkel und keinen Müllcontainer ununtersucht, doch von Hannes fehlte jede Spur. Dann wurde uns über Funk mitgeteilt, dass es in der Königgrätzer-Straße vor dem Wohnhaus des Großvaters des Jungen einen Hinweis gebe. Sogleich machten wir kehrt und eilten im Laufschritt zu der angegebenen Adresse. Nur zu deutlich war den Mienen der armen Eltern anzusehen, wie sie zwischen Hoffnung und Entsetzen hin und her gerissen wurden. Hoffnung, ihren Knaben wohlbehalten in die Arme schließen zu dürfen, Entsetzen vor dem Gedanken, möglicherweise nur noch bei dessen Identifizierung behilflich sein zu können. Schweißgebadet kamen wir schließlich an, doch das Ganze stellte sich als falscher Alarm heraus. Man hatte das Haus des Großvaters durchsuchen wollen, hatte dabei aber einen PKW entdeckt, der völlig vorschriftswidrig auf dem Bürgersteig geparkt war. Die aufgebrachte Menge hatte sich daraufhin in einem nahegelegenen Baumarkt mit Äxten und Vorschlaghämmern versorgt, das Fahrzeug zertrümmert und es anschließend in Brand gesetzt.

Wir trennten uns also wieder und jede Gruppe setzte die Suche fort. Als Nächstes wurden wir zum Haus des Schmiedes Häferling gerufen. In der Küche des Schmiedes hatte eine Gruppe, die inzwischen unter Führung von Pastor Greiferle gebildet worden war, einen versilberten Weihwasserkelch gefunden, der vor Jahren schon aus der Kirche des Pastors entwendet worden war. Die Gruppe bestand ausschließlich aus Mitgliedern von Greiferles Gemeinde und war verständlicherweise wenig erbaut über den Fund gewesen, der zu allem Überfluss auch noch als Suppenschüssel missbraucht worden war. Bei unserem Eintreffen hatte man Häferling bereits in der Positur des Heilands an die Haustür genagelt, und Greiferle machte sich gerade mit seinen Schäflein auf, den Weihwasserkelch an seinen rechtmäßigen Ort zurückzubringen.

Von dem Jungen fehlte auch hier jede Spur.

Wenig später fand man noch ein gestohlenes Fahrrad, kastrierte den Dieb und peitschte dessen Frau aus. Das alles waren beeindruckende Erfolge, aber dennoch mussten wir uns eingestehen, dass wir in unserem eigentlichen Anliegen, der Suche nach dem vermissten Knaben, auch nach zwei Stunden noch nicht recht weitergekommen waren. Da entdeckten wir einen Klassenkameraden des kleinen Hannes. Der Bursche war dann auch gleich umzingelt und gestellt. Zunächst zeigte er sich widerspenstig, ja, direkt bockig, doch nachdem der Metzger Dosenhauer, immerhin ein Mann von über zwei Zentnern Kampfgewicht, ihn zu Boden gewälzt hatte und einige Male mit den Knien über dessen Oberarme gerollt war, also das sogenannte Muskelreiten zelebriert hatte, löste sich die Zunge des Rabauken sofort. Von ihm nun erfuhren wir erschreckende Neuigkeiten. Hannes sei, so gestand er, nach der Schule häufig zum Bäcker in der Nähe des Marktplatzes gegangen, um dort noch etwas Süßes zu kaufen. Ich sah, wie den Eltern alle Farbe aus dem Gesicht wich, als sie dies vernommen hatten. Wenn es einen Menschen in der Stadt gab, dem man alle möglichen Missetaten zutrauen konnte, so war dies ohne allen Zweifel der Bäcker. Gar nicht auszudenken, wenn der Junge diesem Mann in die mehlbesudelten Klauen geraten war!

Wir stürmten also los, fegten wie ein Tornado durch die Straßen, über den Marktplatz zur Bäckerei und fanden … nichts! Sowohl der suspekte Bäcker als auch alle Angestellten waren verschwunden. Die Bäckerei wie auch die angrenzenden Verkaufsräume waren stark verwüstet, doch konnte das Chaos unmöglich von einem Kampf mit dem schmächtigen Jungen herrühren. Über Funk erfuhren wir dann, dass auch eine andere Gruppe den Bäcker in Verdacht gehabt und ihm daher einen Besuch abgestattet habe. Nach dem Verhör habe man ihn geteert und gefedert und dann zum Marktplatz getrieben, wo ihn einige Mitglieder des Bundes jungfräulicher Hausfrauen aufgegriffen und wegen Erregung öffentlichen Ärgernisses aufgehängt hätten. In der Tat meinte ich, auf dem Marktplatz eine straußenähnliche Gestalt an einem der Laternenpfähle baumeln gesehen zu haben, hatte dieser in der Eile aber natürlich keine Aufmerksamkeit geschenkt. Da der Bäcker also gehängt und seine Angestellten in alle Winde geflüchtet waren, gab es niemanden mehr, der uns hätte sagen können, ob der kleine Hannes auch heute hier erschienen war. Doch dann fiel uns ein, dass die Bäckerei noch einen Verkaufsstand in dem riesigen Supermarkt in der Austerlitzer-Straße hatte. Vielleicht wussten die dortigen Angestellten ja etwas.

Frohen Mutes stürmten wir also zum Supermarkt, und dort nun erhielten wir interessante Informationen. Pastor Greiferle war mit seiner Gruppe bereits vor uns dort angelangt und berichtete uns jetzt, dass sich der Besitzer des Supermarktes zunächst recht unkooperativ verhalten habe. Nachdem man sein Geschäft hingegen ausgiebig geplündert habe, habe er ihnen mitgeteilt, dass er den Jungen erst in der vergangenen Woche in Begleitung seines Großvaters und eines weiteren Mannes bei sich gesehen habe. Wer dieser Mann gewesen sei, dass wisse er nicht, aber verdächtig sei er ihm sofort erschienen.

Das nun endlich war, wie man in Ermittlerkreisen zu sagen pflegt, eine heiße Spur. Und jetzt fiel uns auch ein, dass wir über die Aufregung um das falsch geparkte Fahrzeug ganz vergessen hatten, den Großvater zu vernehmen. Gewiss konnte er uns etwas über diesen ominösen Mann sagen.

Hier gab es für uns nichts mehr zu tun, da das Feuer im Supermarkt, das wohl irgendwie bei der Plünderung ausgebrochen sein musste, mittlerweile auch auf den Verkaufsstand des Bäckers übergesprungen war und diesen bereits vollständig zerstört hatte, sodass hier mit neuen Erkenntnissen eh kaum zu rechnen war. Vereint machten sich unsere beiden Gruppen also auf in die Königgrätzer-Straße zum Haus des Großvaters. Dort angekommen, entdeckten wir sogleich Polizeichef Dieselschuss mit seinem Trupp wie auch den Großteil der Städtischen Feuerwehr. Vom Großvater dagegen war nichts zu sehen, und auch die Überreste seines Hauses waren aufgrund des dichten Rauches nur vage zu erkennen. Dieselschuss mutmaßte, das Feuer habe aus dem falsch geparkten Fahrzeug auf das Haus übergegriffen, und wohl wegen einer defekten Gasleitung sei es dann zu einer Explosion gekommen, die das bedauernswerte Resultat gezeitigt habe, das wir nun vor uns sähen.

Ich schüttelte den Kopf. Nur zu gut wusste ich um die Gefahr, die von Gasleitungen ausgeht, und nicht zum ersten Mal fragte ich mich, wie skrupel- und gewissenlos ein Immobilienbesitzer sein müsse, um Wohnungen oder ganze Häuser vermieten zu können, in denen solche tickenden Zeitbomben installiert sind. Ich teilte meine Bedenken dem Polizeichef mit, und auch er konnte nur den Kopf schütteln.

Mit unseren Ermittlungen standen wir nun wieder ganz am Anfang.

Und hier nun bewies unser Pastor einmal mehr, welch findiger Kopf er doch war. Den Wald müsse man durchsuchen! Wo würde man den Leichnam eines entführten Jungen entsorgen, wenn nicht im Wald? Und selbst wenn er nicht entführt worden sei, so könne er doch zum Spielen dorthin gegangen sein, sich beim Sturz von einem Baum den Hals gebrochen oder in einer der Schluchten den Schädel eingeschlagen haben.

Der Vorschlag wurde sogleich begeistert aufgenommen. Fast die gesamte Suchmannschaft – die Gruppe des Pastors, meine Gruppe, der Polizeitrupp sowie etliche Feuerwehrleute – zog zum Wald hinaus, der sich bis direkt an die Stadtgrenze erstreckte und von unserem Standort aus in kaum mehr als einer halben Stunde zu erreichen war. Mit unermüdlichem Eifer durchkämmten wir jeden Busch, jeden Strauch, jede Lichtung. Die Feuerwehrleute fällten sogar etliche Bäume, auf denen er sich hätte versteckt halten können. Wir ließen die Spürhunde los. Diese hatten dann auch bald schon einige Hirsche und zwei Wilddiebe zerfetzt, der kleine Hannes aber war und blieb verschwunden.

Die Sonne war mittlerweile untergegangen und es begann nun, ungemütlich heiß zu werden, da die Flammen bereits bedenklich nahe gekommen waren. Die Gruppe von Pastor Greiferle hatte sich nämlich in Ermangelung von Taschenlampen bei Anbruch der Dämmerung Fackeln angefertigt und mit diesen versehentlich den Wald an mehreren Stellen in Brand gesetzt.

So kehrten wir also in die Stadt zurück, setzten die Suche aber mit unverminderter Entschlossenheit fort. Es ging bereits auf Mitternacht zu, als mit einem Male alle Lichter in der Stadt erloschen. Zunächst glaubten wir, jemand wolle unsere Arbeit sabotieren und gerieten sogleich in heftigsten Aufruhr. Es stellte sich jedoch heraus, dass Pastor Greiferle lediglich auf ein defektes Stromkabel in der Nähe der Städtischen Stromwerke gepinkelt und so einen Kurzschluss ausgelöst hatte. Mit Pastor Greiferle war natürlich *die* treibende Kraft bei der Suche ausgefallen, doch wir anderen waren uns einig, dass es nun erst recht gelte, bis zur völligen Erschöpfung weiterzukämpfen. Die Bedingungen, unter denen wir unsere Nachforschungen jetzt fortführen mussten, hatten sich hingegen grundlegend geändert. Wohl schlugen die Flammen aus dem Wald hoch in den nächtlichen Himmel und hatten inzwischen die ersten Häuser erreicht, das Licht der Straßenlampen vermochten sie allerdings längst nicht zu ersetzen. Einen weiteren Rückschlag erlitten wir, als der Polizeitrupp gut eine Stunde später ein Altersheim durchsuchte. Man hatte gerade einen Tatverdächtigen zur standrechtlichen Erschießung in den Garten geführt, da passierte zufällig die Gruppe des seligen Greiferle das Altersheim. Die Anhänger des Gottesmannes befanden sich begreiflicherweise in etwas gereizter Stimmung und hatten erst kurz zuvor einen Waffenladen geplündert, um sich angemessen ausrüsten zu können.

Als sie nun den Schuss aus dem Garten des Altersheimes hörten, glaubten sie, dieser habe ihnen gegolten, und erwiderten sogleich das Feuer. In der Dunkelheit war es fast unmöglich, Freund von Feind zu unterscheiden, und so zog sich das Feuergefecht, das beide Seiten arg dezimierte, über eine halbe Stunde hin, ehe man es nach Erschöpfung der Munitionsvorräte schließlich abbrechen musste.

Ansonsten ereignete sich in jener Nacht nichts Nennenswertes mehr, sieht man davon ab, dass noch zwei Stadtstreicher aufgegriffen wurden. Die Autopsie ergab später, dass einer der Tippelbrüder einen erhöhten Alkoholgehalt im Blut aufwies, aber eine Verbindung der beiden zum Verschwinden des Jungen konnte nicht nachgewiesen werden. Die Gruppen lösten sich nun allmählich auf und man begab sich nach Hause. Hier und dort durchbrachen noch vereinzelte Schüsse die nächtliche Stille, dann und wann vernahm man das Bellen eines Maschinengewehrs, aber ansonsten war nur noch das Tosen der Feuersbrünste zu hören, die in und außerhalb der Stadt wüteten.

Früh am nächsten Morgen war bereits alles wieder auf den Beinen. Bald schon hatten sich die alten Gruppen wieder zusammengefunden, deren Verluste man großzügig durch neue Freiwillige ausgleichen konnte. Die Umstände, unter denen die Suche wieder aufgenommen wurde, waren jetzt fast ebenso ungünstig wie in der Nacht, da der Rauch aus den zahlreichen Brandherden die Sicht auf wenige Meter einschränkte. Und doch hätte wohl jeder von uns lieber noch Tage und

Wochen mit der Suche verbracht, als das zu entdecken, was wir schon bald entdecken mussten.

Einige Feuerwehrleute hatten die Überreste des Hauses durchstöbert, in denen der Großvater des Jungen gewohnt hatte. Und was sie dort fanden, das trieb selbst den gestandenen Männern unserer Feuerwehr die Tränen in die Augen. Neben der verkohlten Leiche eines eindeutig greisenhaften Mannes lagen dort, unter einem Balken halb verborgen, die sterblichen Überreste, die nur zu einem Jungen von nicht mehr als zehn oder elf Jahren gehören konnten. Ja, es war der kleine Hannes.

Die Stadt befand sich im Schock. Ungläubige, entsetzte Gesichter, wo immer man hinsah. Wären die beiden Stadtstreicher für den Tod des Jungen verantwortlich gewesen, wir wären von Trauer übermannt gewesen, aber wir hätten uns gegenseitig Trost gespendet und das Tal der Tränen irgendwie gemeinsam durchschritten, hätten irgendwie diese qualvolle Zeit überstanden. Dass aber ein Großvater seinen Enkel, mithin sein eigen Fleisch und Blut, entführt und auf solch grauenhafte Weise um sein noch so jugendliches Leben bringt, diese Abscheulichkeit riss Wunden in unsere Herzen, die wohl nie wieder verheilen werden.

Irgendwann überwanden wir unseren Schock, und unser Entsetzen schlug in blinde Wut um. Wir packten die Überreste des Scheusals, die so schwarz wie seine verdammte Seele waren, schleiften sie zum Marktplatz und hängten sie dort neben die gefiederte Leiche des Bäckers an den Laternenpfahl.

Mögen sie dort bis zum Jüngsten Tag baumeln.

***

Elegienregen

Unbeschreiblich war alles, was mich die Götter in jenen zwei Jahren erleben und durchleiden ließen. Unbeschreiblich die Wonne und Glückseligkeit, die ich an ihrer Seite empfinden durfte; unbeschreiblich ihre engelsgleiche Schönheit; unbeschreiblich endlich die Qualen, als ich aus den süßen Gefilden des Elysiums in die tiefsten Schluchten des Hades stürzte, da sie mir entrissen ward.

Ja, unbeschreiblich waren jene zwei Jahre. Unbeschreiblich, außer vielleicht für die Feder des Poeten, dessen Berufung ja gerade darin besteht, die tiefsten Geheimnisse, die in den Seelen der Verdammten wie der Glückseligen schlummern, zu ergründen und auch dem Normalsterblichen zugänglich zu machen.

Das Fest, das sie mit ihrer Schönheit überstrahlte und da ich sie zum ersten Mal erblickte, fand zu Beginn des Sommers statt. Ich erblickte sie und war verzaubert von der Anmut ihrer Bewegungen und dem Liebreiz ihrer Gestalt. Sogleich erkannte ich, dass mein Platz fortan an ihrer, und zwar *nur* an ihrer Seite sein und einzig der Tod uns würde trennen können, und wäre vor Entsetzen vergangen, hätte ich geahnt, dass der Tod bereits damals seine Schwingen über dem Haupt der Geliebten ausgebreitet hatte.

Am Ende jener Nacht waren wir ein Paar und eine Woche später besiegelten wir unseren Lebensbund mit der Hochzeit auf meinem Anwesen.

Die nächsten 18 Monate sahen uns dann in engster Seelenverwandtschaft die höchsten Gipfel der Glückseligkeit erstürmen. Ach, mit welcher Wehmut denke ich an die Stunden, da wir Hand in Hand durch Wälder und über sonnenbeschienene Felder streiften, dem träumerischen Rauschen des Flusses lauschten, der ganz in der Nähe meines Anwesens dahinfloss; an die Stunden, die wir abends einträchtig plaudernd am Kaminfeuer verbrachten. Nächtens dann, wenn die Geliebte in sanften Schlummer gesunken war, pflegte ich in meinem Arbeitszimmer die Liebeslyrik zu Papier zu bringen, mit der, wenn ich ihren Leib schon nicht retten, ich zumindest ihrem Andenken Unsterblichkeit verleihen konnte.

Die Tage und Monate unseres Glücks verflogen wie im Traum. Es ward Winter, es ward wieder Sommer, es folgte ein weiterer Winter, und im Frühjahr des nächsten Jahres bemerkte ich erstmals eine Veränderung in ihrem Äußeren. Nur unscheinbar zunächst. Sie wirkte nun häufig blass, auch meinte ich, dass sie Gewicht verloren habe. Sie tat meine besorgten Nachfragen als unbegründet ab. Eine Erkältung eben, wie sie im Frühjahr so oft vorkomme. Ich wollte ihr glauben, versuchte, meinen Argwohn zu besänftigen, doch tief in meinem Inneren spürte ich bereits die dunklen Wolken, die sich bald über unserem Glück zusammenziehen sollten, fühlte, dass Pluto persönlich es war, der seine Klauen nach ihr ausgestreckt hatte.

Blässe und Müdigkeit wollten nun nicht mehr von ihr lassen. Ganz gegen ihre Gewohnheit legte sie sich nun des Nachmittags zu einem kurzen

Schlummer ins Bett, erwachte danach aber meist nur noch erschöpfter, als sie es beim Einschlafen gewesen war. Unsere täglichen Spaziergänge, sonst ihre größte Lust und zuverlässigster Quell ihrer Erquickung, ermüdeten sie nun zusehends. Bald mussten wir ganz auf sie verzichten. Sie lag nun immer häufiger danieder und mit Entsetzen musste ich ansehen, wie Schönheit und Jugend mit jedem Tag mehr aus ihrem liebreizenden Antlitz wichen. Ihre Blässe wechselte nun häufig mit einer fiebrigen Rötung des Gesichtes. Die Fieberanfälle, während deren sie häufig wirr redete, endeten so abrupt, wie sie gekommen waren, um dann in schüttelfrostähnliche Zustände überzugehen.

Das Herz wollte mir zerreißen, als ich meine Liebe, den Born meiner Lebenslust, vor meinen Augen dahinsiechen sah. Das Bett verließ sie nun kaum noch, und wann immer sie bei Bewusstsein war, kniete ich neben ihr, küsste ihre Hand und netzte sie mit meinen Tränen. Gramerfüllt schlich ich des Nachts durch die Säle und Gänge meines Anwesens und verfluchte die Götter, die mich mit höchster Glückseligkeit überhäuft hatten, nur um mir dann alles wieder zu entreißen und mich bald einsam und verlassen auf dieser Welt wandeln zu lassen.

Ich war zerstört und fühlte, dass der letzte Atemzug, der über ihre einst so sinnlichen, nun aber spröden und vertrockneten Lippen gehen würde, auch mein letzter sein musste. Ich schickte jetzt einen meiner Bediensteten nach dem Arzt ins Dorf. Dieser erschien auch sogleich in der folgenden Woche und unterzog sie einer eingehenden Untersuchung. Ich bestürmte ihn, als ich ihn aus dem Schlafgemach meiner Frau treten sah. Wie es um sie stehe? Wie lange ihr noch bleibe? Doch er schüttelte lediglich das weißbehaarte Haupt, und seiner kummervollen Miene musste ich entnehmen, was ich ohnehin schon geahnt hatte.

Als der Arzt gegangen war, begab ich mich auf mein Gemach. Ich wollte niemanden sehen. Bittere Tränen vergießend schritt ich auf und ab. Dann hielt es mich nicht mehr, ich lief aus dem Anwesen und kreischte wie ein Eber, kreischte meinen Schmerz hinaus in den sternenübersäten Nachthimmel. Lange Zeit streifte ich durch den verödeten Garten, vorbei an den Beeten, an den Petunien, die nun nie wieder von ihrer zierlichen Hand gepflegt werden sollten. Und während ich so ging und mich grämte, entstanden die ersten Verse. Verse, aus denen Strophen, Strophen, aus denen Elegien entstehen sollten, mit denen ich das Andenken der Geliebten sogar noch unsterblicher machen würde als mit meiner Liebeslyrik.

Ich begab mich in mein Arbeitszimmer und schrieb unter bitteren Seufzern die erste Elegie nieder. Jede Nacht entstanden deren nun zwei oder drei, die ich am nächsten Tag meiner vergehenden Gemahlin vorzutragen pflegte. Gemeinsam vergossen wir dann heiße Tränen, sie vor Rührung, ich vor Schmerz darüber, ihren Anblick bald auf immer missen zu werden. Fast wollte es mir scheinen, als gedachten die Götter, mich für den nahenden Verlust zu entschädigen, indem sie mein Genie zu Höhen sich aufschwingen ließen, die es nie zuvor erreicht hatte. Ohne Zweifel zählen die Elegien zu dem Erhabensten, das je meiner Feder entsprungen ist, und nicht selten wurde meine Seele durch deren Schönheit mehr noch erschüttert als durch das Siechtum meiner Frau.

Meine erste Elegie etwa lautete:

Seraphim gestern noch sangen,
Lustvoll ihre Schwingen schwangen,
Als dein Bein sich, süß und lang,
Durch des Hauses Gang noch schwang.

Doch keine Freud' will heut' mehr kommen,
Da, mein Schatz, du mir genommen
Und die Engelsschar'n, die feinen,
Um die Wette gramvoll greinen.

Wo so gerne einst du weiltest,
Schnellen Schrittes dorthin eiltest,
An dem fischbesäten See
Wälzt der Elch sich nun im Schnee
Und ruft aus: O jeh, o weh!

Ja, meine Dichtung war mein einziger Trost in jenen trüben Tagen. Meine Gemahlin ward nun zusehends schwächer und hinfälliger, und schweren Herzens machte ich mich mit meinem Leibdiener Johann an die Vorbereitungen zur Beisetzung. Ich verabscheue zutiefst jenen aus längst vergangenen Zeiten übernommenen Brauch, Verstorbene in schwarz zu kleiden. In gleißendem Weiß wie der Engel, der sie auf Erden war, so sollte sie auch ihren Weg in die Unterwelt antreten. Wir ließen den besten Schneider des Dorfes zu uns kommen und beauftragten ihn, das schönste Totengewand zu entwerfen, wie es nie zuvor gesehen ward. Er nahm sogleich die Maße der Darniederliegenden und machte sich an die Arbeit. Das Ergebnis war ein Traum, und ich fiel dem Mann mit Tränen in den Augen um den Hals, als er mir das Gewand überreichte. Es war, wie ich es in Auftrag gegeben hatte, von einem Weiß so rein, wie ihre Seele und ihre Zähne es waren. Wir legten es der Dahinsiechenden sogleich an und durften erleben, wie sich all ihre Schönheit, die in den vergangenen Wochen fast vollständig verwelkt war, zu neuem Leben erblühte, wenn uns auch allen klar war, dass dieser Lebensodem ein nur äußerlicher und erborgter war.

Auch sie weinte Tränen der Rührung, als sie diese Pracht an ihrem Leibe sah.

»Weißt du noch, Liebster«, flüsterte sie mir ins Ohr, »damals, als wir uns erstmals in die Arme schlossen ...«

O ja, ich wusste, und wie eng ward mir das Herz, als ich daran denken musste, dass sie ein fast identisches Kleid getragen hatte, als wir uns damals beim Dorffest kennengelernt hatten. Anmutig wie ein Engel hatte sie sich bewegt, ja, war sie geschwebt beim Reigen um die Jauchegrube, wie er seit uralten Zeiten alljährlich im Dorf abgehalten wurde. Und ihr Kleid hatte in demselben Weiß geglänzt wie nun ihr Totengewand.

»Und erinnerst du dich noch ...«

O ja, ich erinnerte mich, wie wir bald Hand in Hand einhertanzten und Amors Schwingen über unseren Häuptern spürten. Ich erinnerte mich an ihr liebreizendes, vom Schein der Fackeln beschienenes Antlitz, an ihre sternengrauen Augen, die liebliche Warze auf ihrer Nase, die Narbe an ihrem Kinn, die sie sich ein Jahr zuvor beim Sturz in dieselbe Jauchegrube zugetragen, um die wir gerade mit beschwingten Herzen getanzt hatten. Glücklicherweise hatten sie damals zwei kräftige Bauernburschen wieder aus der Grube gezogen und uns somit zumindest diese kurze Spanne des Glücks geschenkt.

Kaum dass ich das Gemach meiner Frau verlassen hatte, griff ich zur Feder und schrieb eine Ode an die Jauchegrube.

Am folgenden Tag besuchte mich mein Verleger, Bertram von Bertoli vom Tiroler Jodelverlag. Ich zeigte ihm das Lyrikwerk, das vor ihrer Erkrankung entstanden war, wie auch die Elegien. Wie nicht anders zu erwarten, war er hingerissen und hätte sie am liebsten sogleich veröffentlicht. Ich wollte die Sammlung jedoch noch vervollständigen und bat ihn um etwas Geduld. Er zeigte sich einsichtig, denn auch er erkannte natürlich, dass nun, da ich von den Musen und Persephone gleichermaßen geküsst wurde, noch so manche Perle der Dichtkunst zu erwarten stand. Wir einigten uns hingegen schon auf den Titel des Werkes. Ich hatte zunächst an *Elegien für Elfriede* gedacht. Elfriede war nämlich der Name meiner Gemahlin. Bertoli überzeugte mich hingegen, dass unter lautlichen wie inhaltlichen Gesichtspunkten *Das Lied an Elfried´* weitaus passender sei, denn nichts sprach ja dagegen, die gesamten Gedichte und Elegien als ein großes Lied zu betrachten.

Nach der Abreise meines Verlegers machte ich mich sogleich wieder ans Werk. Es entstanden nun die schönsten Elegien jener fruchtbaren Schaffensperiode. Gramvoll wohl, aber doch fruchtbar. Gleichzeitig musste ich nun die Vorbereitungen für die Bestattung treffen, die nun nicht mehr lange auf sich warten lassen würde. Zum körperlichen Verfall gesellte sich nun nämlich noch eine Umnachtung des Geistes, die mit jedem Tag erschreckendere Ausmaße annahm.

»Ach, bald ist Sommer«, sprach sie eines Morgens zu mir. »Wie beschwingt werden wir dann auf dem Feste tanzen.«

Sie hatte Tränen in den Augen in ihrem fiebrigen Wahn, und ich brachte es nicht übers Herz, ihr mitzuteilen, dass sie weder den Sommer noch das Fest jemals wieder schauen würde.

Ein anderes Mal erklärte sie mir, sie wolle nun aufstehen, wieder durch den Garten spazieren, nach den Petunien sehen. Sie fühle sich schon viel kräftiger. Ich vertröstete sie auf die nächste Woche und drückte sie sanft auf ihr Kissen zurück. Erst müsse sie wieder ganz gesund werden, sprach ich zu ihr und verabscheute mich, da ich nicht den Mut aufbrachte, ihr endlich mitzuteilen, dass auch die Petunien schon vor langer Zeit zum letzten Male sie gesehen habe.

Ihr Delirium wurde nun fast stündlich schlimmer. Kaum einen Augenblick war sie noch bei klarem Verstand. Ihre Wahnvorstellung, sie sei in der Lage, aufzustehen und gar in den Garten zu gehen, nahm nun geradezu zwanghaften Charakter an, und schließlich mussten mein Leibdiener und ich abwechselnd bei ihr wachen und sie am Verlassen des Bettes hindern, ja, letztendlich sahen wir uns sogar gezwungen, sie an Händen und Füßen an die Bettpfosten zu ketten.

Ihr Leid wollte mir das Herz zerreißen, und endlich konnte ich ihre Qualen nicht länger ertragen. Sie war gerade in einen ihrer fiebrigen Dämmerzustände gesunken. Mit reichlich Gewässer im Auge küsste ich ihr ein letztes Mal die Stirn, dann injizierte ich ihr eine Dosis Morphium, die sie endlich in die Gefilde der Seligen eingehen lassen würde.

Die Beisetzung erfolgte noch am selben Tag in unserer Familiengruft. Als die Trauergäste sich verabschiedet hatten, weilte ich noch lange vor ihrer Gruft und vergoss bittere Tränen. Da vernahm ich einen Laut, wie wenn Engelsschwingen leise an ein Tor pochten, und aus weiter Ferne hörte ich, wie sie mir aus dem Elysium ihren letzten Gruß erbot: »Heinfried, mook dat Lücht weller an!«

Noch auf Knien vor ihrer Grabesstätte kauernd verfasste ich die Elegie, die den Abschluss meiner Sammlung bilden sollte:

In der Seligen Gefilde
Wirst du treffen, meine Milde,
Onkel Fritz und Tante Hilde,
Die vor Jahren schon verblichen,
Da des Nachts durchs Haus sie schlichen,
Durch das Fenster grad´ entwichen,
Als ein Blitz sie schlug entzwei
Und der Fritze rief: O weih!
Ist der Ausflug schon vorbei?

***

Unser Nachbar

Jeder Sekundaner könnte uns auswendig hersagen, worauf unsere Gemeinschaft, sei es im Kleinen oder Großen, letztendlich beruht: auf Ordnung! Jawohl, auf Ordnung und auf Gesetzen und Regeln, mit denen dieser Ordnung Gestalt gegeben wird. Nicht ohne Grund sagt man, ohne Regeln würden wir uns gegenseitig zerfleischen. Wohl kaum eine wahrere Sentenz hat jemals die Denkstuben unserer Philosophen verlassen, ja, man könnte gar sagen, dass sich die Grundlage unserer Existenz in diesen wenigen Worten widerspiegelt. Wenn man auch nur versuchte, sich eine Welt ohne Regeln vorzustellen, so träten einem schon die Schweißperlen auf die Stirn.

Regeln sind also notwendig. Kein zivilisierter Mensch wird diese Wahrheit in Zweifel ziehen. Da man nun mit Fug und Recht behaupten kann, dass die Mieter in unserem Haus aus zivilisierten Menschen bestanden, so lebten wir denn lange Jahre einträchtig nebeneinander, ohne dass man sich gegenseitig zerfleischt oder auch nur gestört gefühlt hätte. Für lange Jahre. Bis er kam.

Er, das war H., und *er* zog eines mäßig schönen Tages in die aus zwei Zimmern bestehende Wohnung direkt über uns. Zunächst einmal musste ich mit nicht geringem Missfallen zur Kenntnis nehmen, dass es der Bursche nicht einmal als notwendig empfand, sich bei mir, dem immerhin dienstältesten Mieter im Haus, vorzustellen. Er zog einfach ein, und das war´s! Nun ja, aber ich bin nicht kleinlich. Wäre es bei dieser kleinen Unaufmerksamkeit geblieben, so wäre es wohl kaum zu schwerwiegenden Missstimmungen zwischen uns gekommen. Aber wie man sich wohl schon denken kann, blieb es eben nicht dabei.

Die ersten drei Tage hörten wir fast nichts von ihm, und ich vermute, dass er die meiste Zeit gar nicht zu Hause war. Dann am vierten Tag aber begannen die Geräusche. Es war genau 21:05 Uhr, als ich erstmals jenes Klopfen hörte, dessen genaue Identifizierung mir nie recht gelingen sollte. Es hörte sich nicht wie das Klopfen eines Hammers auf Holz an, es wirkte gedämpfter, war darum aber keineswegs weniger störend. Das Klopfen wurde dann bald von Sägegeräuschen abgelöst, die sich genau bis – ich hatte bereits die Stiefel geschnürt – 21:59 Uhr hinzogen, also bis genau eine Minute vor dem Zapfenstreich um 22:00 Uhr, wonach laut § 36, Absatz 13 der Hausordnung keinerlei Lärm mehr im Haus gemacht werden durfte. Ich schnürte meine Stiefel wieder auf, befahl meiner Frau und meinen beiden Jungen aber, am kommenden Tag einen Blick auf den neuen Mieter zu werfen und nach Möglichkeit herauszufinden, was dieser so spät abends noch getrieben hatte.

Während ich also auf der Arbeit unseren Lebensunterhalt verdiente, machte sich meine Familie an ihre Nachforschungen, die jedoch weitgehend ins Leere liefen. Auch die anderen Mieter – es gab insgesamt sechs Parteien im Haus – wussten lediglich zu berichten, dass es sich um einen Mann handele. Immerhin aber bekam meine

Frau ihn zu Gesicht, als er mit einem jungen Mann die Treppe hinaufstieg. Er habe sie sehr höflich gegrüßt, habe aber keinerlei Anstalten gemacht, die längst überfällige Vorstellung nachzuholen

Ich war also mehr oder weniger noch so schlau wie zuvor.

Gespannt wartete ich des Abends, ob er nun wieder anfangen würde, in seiner Wohnung herumzuwerkeln, und ich wartete nicht vergebens. Dieses Mal gaben die Sägegeräusche den Auftakt, die dann aber bald mit dem Geklopfe abwechselten. Doch an jenem Abend hielt er nicht kurz vor 22:00 Uhr ein, sondern lärmte lustig über den Zapfenstreich hinweg über unseren Köpfen herum. Da war sie also, die Gelegenheit, auf die ich gewartet hatte. Ich eilte also die Treppe hinauf und pochte an seine Tür. Die Geräusche verstummten sogleich, aber es kam niemand zum Öffnen, und so klopfte ich erneut. Ich hatte beschlossen, ihn mit aller Bestimmtheit auf die nächtliche Ruhestörung hinzuweisen, aber doch zu berücksichtigen, dass er neu in diesem Haus und somit möglicherweise mit den Gepflogenheiten und vor allem mit der Hausordnung noch nicht vertraut war. Schließlich hörte ich Schritte aus der Wohnung, und eine misstrauische Stimme fragte, wer dort sei. Ich nannte meinen Namen und stellte mich als sein unter ihm lebender Nachbar vor. Endlich öffnete sich die Tür und ich erblickte einen Mann, der um die vierzig Jahre zählen mochte. In den Flur der Wohnung drang lediglich etwas Licht aus einem der angrenzenden Zimmer und in unserem Treppenhaus gab es leider noch keine Beleuchtung, sodass ich ihn nur undeutlich erkennen konnte. Doch auch so konnte ich sehen, dass er offensichtlich recht stattlich gebaut war, das dunkle Haar streng zur Seite gescheitelt hatte und einen viereckig gestutzten Oberlippenbart trug. Von seiner Kleidung konnte ich nicht allzu viel erkennen, da der Großteil davon von einer Art Schürze bedeckt war.

Ich stellte mich erneut vor, und noch bevor ich zu meiner Beschwerde ansetzen konnte, streckte er mir die Hand entgegen und versicherte mir, wie erfreut er sei, endlich meine Bekanntschaft machen zu dürfen. Dann stellte er sich als F. H. vor. Ich behielt noch immer meine ernste Miene bei, doch war mir nach dieser zuvorkommenden Begrüßung einigermaßen der Wind aus den Segeln genommen. Ich nickte ihm also zu, versicherte ihm, das Vergnügen sei auch auf meiner Seite, wies dann aber mit aller Bestimmtheit darauf hin, dass es bereits eine Viertelstunde nach 22 Uhr, der Zapfenstreich also bereits vorüber sei und keinerlei Lärm mehr im Haus verursacht werden dürfe. H. zeigte sich erstaunt. Nie hätte er gedacht, dass es außerhalb der Armee so etwas wie Zapfenstreiche geben könne, er sei untröstlich, wenn er jemandes Nachtruhe gestört habe. In formvollendeter Höflichkeit bat er um Verzeihung und versprach, den Lärm künftig auf das Allernotwendigste zu beschränken. Aber die Zeiten seien eben hart, und da komme er nicht darum herum, hin und wieder auch in seiner Wohnung zu arbeiten.

Welcher Beschäftigung er denn nachgehe, erkundigte ich mich da.

»Ich bin Kaufmann«, erwiderte er und zog irgendwo hinter seiner Schürze eine Visitenkarte hervor, die er mir dann mit reichlich übertriebener Feierlichkeit überreichte.

»Ich hätt´ Sie ja gerne noch auf einen Plausch reingebeten, aber ich hab´ noch etwas zu tun. Ich bin auch ganz leise.«

Hiermit empfahl er sich und schloss die Tür. Es war wieder gänzlich dunkel im Treppenhaus und ich tastete mich in unsere Wohnung zurück. Wieder im Licht, las ich die Visitenkarte:

F.H.
Kaufmann für alles
Niemand der bei F. verkehrt
Jemals später sich beschwert

Die Karte, das gebe ich gerne zu, war beeindruckend. Insbesondere das Motto, das für eine ganz besondere Geschäftstüchtigkeit des werten F.H. sprach. Und dass die Zeiten hart seien, damit hatte er zweifelsohne Recht. Die Folgen des großen Krieges machten uns allen zu schaffen. Ich konnte es daher nachvollziehen, dass er alle Mühen aufwenden musste, um sein Geschäft in Schwung zu halten. Auch seinen guten Willen musste ich anerkennen, da die Geräusche nun deutlich gedämpft zu uns drangen. Er hatte wohl etwas unter den Gegenstand gelegt, an dem er gerade arbeitete, um den Schall zu reduzieren. Ich entschied also, vorerst von weiteren Beschwerden abzusehen.

Am nächsten Abend stellte ich zunächst befriedigt fest, dass keinerlei Geräusche aus seiner Wohnung drangen. Möglicherweise war er gar nicht zu Hause. Wir begaben uns zu Bett und schliefen ungestört ein. Weit nach Mitternacht jedoch, es war bereits 2:05 Uhr in der Früh, hörte ich ihn dann mit reichlichem Gepolter die Treppe hinabgehen. Anscheinend trug er etwas bei sich, denn deutlich hörte man, wie etwas Metallenes an das Treppengeländer stieß. Ich vermutete – zu Recht, wie sich später zeigte – , dass er einen Eimer hinabtrug. Nach geraumer Zeit kam er dann zurück, und gleich darauf hörte ich Geräusche aus seiner Wohnung, die ich nicht identifizieren konnte. Nur wenig später ging er erneut die Treppe hinunter, wieder mit einem Eimer. Als sich der Vorgang nochmals wiederholte, eilte ich in die Küche, von wo aus man den Hinterhof des Hauses überblicken kann. Wie ich vermutet hatte, begab sich H. mit dem Eimer zu dem dort befindlichen Toilettenhäuschen, verschwand darin und kam nach einigen Minuten wieder heraus. Ich hatte mitgezählt. Insgesamt sechs Mal eilte er mit seinem Eimer zur Toilette. Sechs Mal! Konnte man dem Burschen auch nicht seinen Stoffwechsel zum Vorwurf machen, der dem eines Elefanten geglichen haben musste, so war es doch kaum verzeihlich, dass er spät nach Mitternacht die Treppe hinabgepoltert kam, als befände er sich alleine im Haus.

Der Rest meines doch wohlwollenden Verständnisses vom Vortag wurde dann gänzlich aufgebraucht, als ich am Morgen aus der Wohnung trat und auf der Treppe einen riesigen Fleck entdeckte, der aus irgendeiner rötlichen Brühe bestand. Mochte der Kerl auch an Hämorriden oder sonst etwas leiden, dass er die Sauerei auf die Treppe kippte und dann einfach dort liegen ließ, das war entschieden zu viel des Guten. Hier ist zunächst etwas Grundsätzliches zu bemerken. Jede Partei war laut Hausordnung § 7, Absatz 4 für die Sauberkeit eines genau bezeichneten Reviers im Haus verantwortlich. Hs Revier bestand aus der Treppe samt dem Treppengeländer von seiner Wohnung bis hinab ins Erdgeschoss. Der Gang vom Treppenabsatz bis zur Haustür oblag mir und meiner Familie und war – selbstverständlich! – stets in tadellosem Zustand. Die Treppe und das Treppengeländer hingegen waren seit Hs Einzug noch nicht ein einziges Mal gesäubert worden, und nun saute er das Ganze auch noch dermaßen ein, dass sich jeder den Hals brechen konnte, der versehentlich dort hineintrat!

Nein, die Toleranzgrenze war nun überschritten. Ich eilte an der Sauerei vorbei die Treppe hinauf und pochte an Hs Tür. Wohl ganze fünf Minuten klopfte ich, meine Knöchel waren schon ganz wund, bis mir endlich ein verschlafenes Gesicht entgegengähnte und mich fragte, was, zum Teufel, dieser Lärm zu bedeuten habe. Erst viel später wurde mir bewusst, dass der Radaubruder es doch tatsächlich gewagt hatte, nun mich als Ruhestörer hinzustellen! An jenem Morgen aber galt meine ganze Empörung dem Fleck auf der Treppe, und ich stellte ihn ohne Gnade zur Rede. Zunächst schien er nicht zu verstehen, dann endlich bequemte er sich aber doch dazu, aus seiner Wohnung zu treten und sein nächtliches Werk zu begutachten. Nun ja, zu seinem Gunsten muss gesagt sein, dass ihn der Anblick der von ihm verursachten Schweinerei nicht unberührt ließ. Er war sogar regelrecht schockiert und eilte sogleich in seine Wohnung und kam Sekunden später mit einem Waschlappen zurück und beseitigte den Fleck.

»Und ich erlaube mir, Sie darauf hinzuweisen, dass die gesamte Treppe wie auch das Geländer zu Ihrem Revier gehört«, ließ ich ihn noch wissen, doch er war bereits in seiner Wohnung verschwunden und schlug die Tür hinter sich zu.

Dieser Abgang ließ mich wieder an der Sozialisierbarkeit des Burschen zweifeln, und ich begab mich reichlich verstimmt in unsere Wohnung zurück.

Es blieb nun tatsächlich für drei Tage ruhig. Weder sägte noch klopfte oder schleppte er mitten in der Nacht Eimer die Treppe hinab. Möglicherweise hatte sich sein Magen wieder beruhigt. Ich begann bereits, mir gewisse Hoffnungen zu machen, mein energisches Auftreten habe H. doch zur Einsicht gebracht, dass es so nicht weitergehe. Diese Hoffnungen zerstoben jedoch am vierten Tag, als gegen 22 Uhr plötzlich ein Radau von oben drang, dass man meinen konnte, eine ganze Büffelherde tobe durch Hs Wohnung. Als das Getrampel dann endlich verebbt war, ertönte mit einem Mal ein Schrei, der langsam in eine Art Gurgeln überging. Ich stürmte aus der Wohnung und die Treppe hinauf. Früher am Abend hatte ich H. mit einem jungen Mann nach oben gehen sehen. Was immer die beiden dort oben treiben mochten, sollten sie es im Wald oder am Nordpol machen, aber nicht nach Zapfenstreich direkt über meinem Kopf! Noch energischer als vier Tage zuvor pochte ich an die Tür und wartete mit geballten Fäusten, dass sich der Halunke endlich zeigen würde. Dann öffnete er und ich erschrak. Meine Vermutung mit der Büffelherde in Hs Wohnung war anscheinend so abwegig nicht, denn genau wie ein Büffel stand er nun vor mir. Die Haare standen ihm wild vom Kopf ab, sein Hemd war am Hals zerrissen, er rang schnaubend nach Atem, und ich wartete nur darauf, dass er auch noch mit den Füßen scharren würde.

Ich überwand meinen Schreck aber sogleich, wies ihn mit aller Bestimmtheit auf die Uhrzeit hin und fragte ihn, was, zum Teufel, er in seiner Wohnung veranstalte, dass ich befürchten musste, jeden Augenblick die Decke auf den Schädel zu bekommen.

Er atmete einige Male tief durch, und langsam begann die Wildheit aus seinem Blick zu weichen, die mich zunächst etwas irritiert hatte.

»Ja, hab´ ich Ihnen denn gar nicht erzählt, dass ich Schauspiellehrer bin, Herr Nachbar?«, fragte er dann, und ich verneinte.

»Ihrer Karte zufolge sind Sie Kaufmann.«

»Richtig, Kaufmann und Schauspiellehrer. Sie wissen doch, wie hart die Zeiten sind, da kommt man mit einem Beruf doch gar nicht aus.«

Und er erzählte mir von seiner Schauspielausbildung in Paris und London, seinen Theatererfolgen in ganz Europa. Mit dem jungen Mann habe er nun gerade eine Szene aus Shakespeares *Hamlet* geübt.

»Sie wissen doch die Szene, wo Hamlet und Laertes gegeneinander fechten. Hamlet wird von der vergifteten Degenspitze verletzt, und was macht er da? Da schreit er natürlich. Uaaaah.«

Er stieß einen Schrei aus, der dem, den ich soeben gehört hatte, recht ähnlich war. Dabei maß er mich mit einem solch treuherzigen Blick, dass ein Teil meiner Empörung bereits zu verrauchen begann. Ich unterließ es aber dennoch nicht, ihn nochmals auf die Uhrzeit hinzuweisen, und er schwor beim Grabe seiner Mutter, nun keinen Laut mehr von sich zu geben. Man sei mit der Szene eh schon fertig und er werde seinem Schüler jetzt nur noch erklären, worauf er beim nächsten Male zu achten habe.

Damit schloss er die Tür und ließ mich im Dunkeln zurück. Ich ging in meine Wohnung und lauschte, ob er seinen Schwur einhielt. Es wurde nun wohl ruhiger, aber keineswegs so ruhig, wie man es eigentlich erwarten sollte, wenn jemand beim Grabe seiner Mutter schwört. Noch immer waren Schritte zu hören, dann ein Geräusch, als werde ein schwerer Gegenstand über den Boden geschleift, gefolgt von einem Poltern. Wie ich es bereute, dass ich mich so leicht hatte abwimmeln lassen. Nein, mit dem Burschen war nicht auszukommen, er musste weg. Ich begann zu grübeln und endlich kam mir eine Idee. Aber natürlich. Dass ich nicht schon vorher darauf gekommen war!

§ 29, Absatz 7 der Hausordnung besagt ganz eindeutig, dass das Betreiben eines Gewerbes jedweder Art innerhalb des Hauses untersagt ist. Bei Zuwiderhandlung ist der Vermieter berechtigt, nein: verpflichtet, den oder die Mieter ohne Frist zu kündigen! Ha, und der Bursche hatte doch offen eingestanden, in seiner Wohnung ein Gewerbe zu betreiben. Wenn ich dem Hausbesitzer dieses Verbrechen anzeigte, würde er am nächsten Tag mit seinem Shakespeare auf der Straße sitzen. Mein Überschwang währte hingegen nicht allzu lange und ich begann zu grübeln. Mit einer einfachen Anzeige war es nicht getan. Ich brauchte Beweise. Gestanden hatte er die Tat nur mir gegenüber, und wenn es hart auf hart käme, stünde seine Aussage gegen meine. Ich brauchte also einen Zeugen. Und sogleich fiel mir jemand ein. Der junge Mann, der gerade Schauspielunterricht bei ihm nahm!

Ich eilte also erneut aus der Wohnung und postierte mich an der Treppe. Es war inzwischen völlig ruhig sowohl in Hs Wohnung wie auch im ganzen Haus. Lange würde der Schüler gewiss nicht mehr bei seinem Lehrer bleiben.

Ich wartete also.

Ich wartete lange. Sehr lange.

Mitternacht kam, Mitternacht ging, und mir wurden die Augen schwer und schwerer auf meinem Posten. Schließlich holte ich meine Frau aus dem Bett und ließ sie mich ablösen. Nach einer ausführlichen Einweisung in ihren Wachauftrag legte ich mich dann hin. Ich hatte eigentlich geplant, nun bis 4 Uhr zu schlafen und dann meine Frau wieder abzulösen, doch eine seltsame Unruhe weckte mich ständig wieder auf. Um 3:15 Uhr schließlich stand ich auf, um einen Kontrollgang zu machen, und was ich da entdeckte, zeigte mir, wie berechtigt meine Unruhe war. Tief in meinem Inneren musste ich die Pflichtvergessenheit der Weiber bereits geahnt haben, die ich nun so eindrucksvoll bestätigt fand. Statt am Treppenabsatz auf Posten zu stehen, lag meine Frau ausgestreckt vor unserer Wohnungstür und schnarchte wie ein volltrunkener Seemann! Ich drehte ihr die Nase um und jagte sie dann mit einem Tritt in den Hintern in die Wohnung zurück.

Die Wache übernahm ich nun wieder selber, doch machte ich mir kaum noch Hoffnung, den jungen Mann anzutreffen. Vermutlich war er heruntergekommen, während meine Frau ihn angeschnarcht hatte. In der Tat blieb meine Nachtwache vergebens, und ich musste nach anderen Mitteln suchen, H. beizukommen.

In der kommenden Nacht begann das Klopfen und Sägen erneut. Die Geräusche kamen wieder deutlich gedämpft, fast schon übertrieben gedämpft, so als wolle er uns allen vor Augen führen, welch vorbildlicher Mieter er doch sei, er, der im Schweiße seines Angesichts auch bei Mondenschein sein kümmerliches Brot verdienen müsse, dabei aber keinen Augenblick das Ruhebedürfnis seiner Nachbarn vergesse! Außerdem schien er wieder Abführmittel genommen zu haben, denn etliche Male entleerte er erneut seinen Eimer in der Toilette im Hinterhof, wenn er auch die Treppe zumindest nicht einsaute.

Am nächsten Tag besprach ich mich mit den anderen Mietern. Auch ihnen war Hs Treiben natürlich nicht entgangen und auch sie zeigten sich empört, dass das Treppenhaus seit Hs Einzug kein einziges Mal gesäubert worden war. Gleichzeitig aber mussten wir uns eingestehen, dass der Kerl sich kaum eine Blöße gab, die wir zu unserem Gunsten hätten ausnutzen können. Die Geräusche, die aus seiner Wohnung kamen, nervten wohl ganz gehörig, waren aber zu gedämpft, als dass man von einer Lärmbelästigung im Sinne des § 36, Absatz 13 der Hausordnung hätte sprechen können. Hätten wir die Sache dem Hausbesitzer angezeigt und dieser hätte die Vorwürfe untersucht, so würde er vermutlich nur den Kopf geschüttelt und uns womöglich des Denunziantentums bezichtigt haben. Dass er den Eimer mehrmals in der Nacht entleerte, das konnte man auch nicht gegen ihn verwenden. Im Gegenteil, die Hausordnung begrüßte sogar ausdrücklich Maßnahmen, die der Bekämpfung übler Geruchsentwicklungen in den Wohnungen und im Treppenhaus dienten.

Nein, sein einziger wunder Punkt war und blieb das Gewerbe, das er in seiner Wohnung betrieb. Es musste also ein Zeuge gefunden werden. Als ich am folgenden Tag zur Arbeit ging, begegnete mir T., ein Nachbarjunge von etwa 16 Jahren, und mir kam eine Idee. Wenn kein Zeuge zu finden war, so musste ich mir halt einen machen. Ich zahlte dem Jungen also einen nicht unbeträchtlichen Betrag und beauftragte ihn, sich an diesem Abend zu H. zu begeben und um Schauspielunterricht zu bitten. Sollte H. dann zusagen, so wäre er überführt, und zwar nicht nur von einem, sondern gleich von zwei Zeugen. T. stimmte zu, und wir verabredeten uns für den folgenden Abend in der Nähe des Marktplatzes, damit er mir Bericht erstatte, denn natürlich konnte er nicht zu mir kommen, da H. dann sogleich Verdacht schöpfen würde.

In freudiger Erwartung fieberte ich dem Abend entgegen, da T. sich zu H. begeben und diesen in sein Verhängnis locken würde. Der Abend kam, und endlich, zur verabredeten Zeit, hörte ich T. die Treppe hinaufsteigen und bei H. klopfen. Mit rasendem Herzen wartete ich und lauschte. Ich wollte fast vergehen vor Anspannung, und da, da war es! Ich jubelte, ich triumphierte und hätte fast aufgeschrien vor Freude, als ich das Trampeln über mir vernahm. Das Trampeln, dann der Schrei und endlich das Gurgeln. Ohne allen Zweifel wurde dort oben gerade Shakespeare geprobt, mithin ungesetzliches Gewerbe betrieben!

Ich tat in jener Nacht vor Vorfreude kaum ein Auge zu. Am nächsten Tag auf der Arbeit konnte ich mich kaum konzentrieren, da meine Gedanken stets zum Marktplatz schweiften, wo ich mich nach Feierabend mit T. treffen würde. Irgendwie brachte ich den Tag dann herum und eilte im

Laufschritt zu unserem Treffpunkt. Doch wen traf ich dort? Niemanden! Ich wartete eine ganze Stunde, verrauchte dabei fast eine ganze Schachtel Zigaretten, fluchte schließlich und brüllte, doch T. kam nicht. Wutschnaubend stampfte ich zum Haus des Nichtsnutzes, doch dort hatte man ihn seit dem letzten Abend nicht mehr gesehen. Ich suchte die ganze Stadt nach ihm ab, fragte am nächsten Tag nochmals bei den Eltern nach, doch er war noch immer nicht aufgetaucht. Unser kleines Geschäft erwähnte ich vorsichtshalber nicht, da ich mir nicht ganz sicher war, was der Gesetzgeber zur Geschäftsfähigkeit von Sechzehnjährigen sagt. Umso gewisser war ich mir dafür, wo der Rabauke geblieben war. Er war zu H. gegangen, hatte dort, so ganz nebenbei, seine Schauspielstunde genommen und war dann mit meinem Geld auf und davon. Irgendwo auf der großen, weiten Welt verprasste er gerade mein sauer verdientes Geld, das er für gerade einmal halbe Gegenleistung ergaunert hatte!

Mein Verdacht wurde bestätigt, als einige Tage später auch mein älterer Sohn verschwand. T. und mein Sohn waren die dicksten Freunde, und ohne allen Zweifel hatten sie nur auf die erstbeste Gelegenheit gewartet, sich gemeinsam aus dem Staub machen zu können. Schäumend und grübelnd verbrachte ich nun meine Nächte, während H. klopfte, sägte und seinen Kackkübel im Treppenhaus spazieren führte, ohne dass ich etwas hätte dagegen unternehmen können. Dann beschloss ich, seine kaufmännischen Tätigkeiten einmal etwas näher zu betrachten. Von einem Bekannten hatte ich erfahren, dass H. hauptsächlich mit Fleisch und gebrauchten Kleidern handele. Als Umschlagplatz diene ihm der Bahnhof. Ich verkleidete mich also mit einer Brille und einem tiefsitzenden Hut und begab mich zum Bahnhof. Bald entdeckte ich ihn auch schon im Wartesaal, wo er seine Ware auf einer Bank ausgebreitet hatte. Das Geschäft schien gut zu gehen, denn etliche Gestalten umlagerten seinen Stand und begutachteten die Ware. Ich näherte mich unauffällig der Bank, und da H. gerade angeregt mit einem Kunden verhandelte, konnte ich es wagen, seine Angebote näher in Augenschein zu nehmen. Es waren überwiegend Kleidungsstücke, aber auch etliche Gläser mit eingemachtem Fleisch standen auf dem Boden neben der Bank. Die Kleidungsstücke waren durchgehend gebraucht, aber sehr gepflegt. Einige Stücke fielen mir besonders auf. Eine Jacke, zwei Hosen, ein Paar Schuhe. Ich überlegte, wo ich die Sachen schon einmal gesehen hatte, und dann erinnerte ich mich, dass in der Tasche jener Jacke erst wenige Tage zuvor das Geld verschwunden war, das ich T. für seine – nur halb erbrachte! – Dienstleistung gegeben hatte. Kein Zweifel, die Jacke hatte T. gehört, ebenso die eine der beiden Hosen. Und auch die Schuhe und die andere Hose konnte ich nun einordnen. Die hatten nämlich meinem Sohn gehört, der mit T. ausgerissen war.

In tiefen Gedanken versunken machte ich mich auf den Heimweg. Was hatte das zu bedeuten? Und gab es mir endlich die Möglichkeit, H. loszuwerden? Zweifelsohne hatten die beiden ihre

Sachen bei ihm versetzt, um Geld für ihre Flucht – nennen wir es ruhig beim Namen! – zu bekommen. Doch konnte ich H. dafür belangen? Mein Sohn war 17 Jahre alt und somit fast voll geschäftsfähig. Es war also nicht strafbar, Kleidung von ihm zu kaufen. Ich musste ihm schon nachweisen, dass er wissentlich die Flucht meines Sohnes unterstützt hatte, denn das wäre eine direkte Straftat gewesen, für die er nicht nur aus dem Haus geflogen, sondern sogar ins Gefängnis gekommen wäre. Was hätte ich darum gegeben, hätte er dort seine Kackorgien abhalten müssen! Doch so, wie die Dinge lagen, war ihm einfach nichts anzuhaben. Ich konnte ihn nur beobachten und auf meine Gelegenheit warten.

Und das tat ich von nun an. Jede freie Minute nutzte ich, ihm nachzustellen. Ich folgte ihm verkleidet zum Bahnhof, schlich ihm in seine Stammkneipe hinterher, und vor allem versuchte ich, mir die Gesichter seiner Kunden im Haus zu merken, in der Hoffnung, diese irgendwann auf der Straße zu treffen und vielleicht zu einer Aussage vor dem Arbeitsgericht überreden zu können.

Er schien jetzt auch noch Gesangsunterricht zu geben, denn die Blondine, die mit ihm die Treppe hinaufstieg, hörte ich kurz darauf eine Arie singen, die nur von der Königin der Nacht aus Mozarts *Zauberflöte* stammen konnte. Bedauerlicherweise sah ich die Frau danach nie mehr wieder.

Eines Tages nun, als ich von der Arbeit heimkehrte, eröffnete mir meine Frau freudestrahlend, der nette Herr H. von oben sei vorbeigekommen und habe sich recht herzlich für die Unannehmlichkeiten entschuldigt, die er uns in der letzten Zeit bereitet habe. Als Wiedergutmachung hatte er ihr doch tatsächlich einen fetten Braten dagelassen. Ich konnte nur den Kopf schütteln über die Leichtgläubigkeit der Weiber. Von wegen Wiedergutmachung! Der Kerl versuchte, mich zu bestechen, damit ich meine Nachforschungen abbreche. Ja, ich durchschaute ihn, und gleichzeitig erkannte ich, dass er sich in die Enge getrieben fühlte. Ansonsten hätte er niemals eine solche gleichermaßen verzweifelte wie plumpe Maßnahme ergriffen. Ich jedenfalls weigerte mich entschieden, auch nur einen Bissen von dem Fleisch anzurühren!

Irgendwann verschwand dann auch mein zweiter Sohn.

Ich hatte im Grunde schon lange damit gerechnet, der Bengel taugte nämlich noch weniger als sein älterer Bruder. Vermutlich hatte er die ganze Zeit mit diesem und mit T. unter einer Decke gesteckt und nur darauf gewartet, sich bei der ersten Gelegenheit ebenfalls aus dem Staub zu machen. Mir sollte es gleich sein.

Meine Observierung von H. lief unterdessen mehr oder weniger auf der Stelle. Eines Abends beobachtete ich ihn, wie er heimlich zum Fluss schlich und, nachdem er sich in höchst verdächtiger Weise mehrmals umgesehen hatte, einige Knochen und sonstige Essensreste von der Brücke ins Wasser warf. § 213, Absatz 19a des Gesetzes zum Schutz heimatlicher Gewässer besagt nun eindeutig, dass es verboten ist, seinen Hausmüll in

Flüssen oder Seen zu entsorgen. Doch ich stand wieder vor demselben Problem wie schon beim Nachweis, dass er in seiner Wohnung ein Gewerbe betrieb: Ich hatte keine Zeugen! Hätte ich ihn auch angezeigt und man hätte den Müll gefunden, wie hätte ich nachweisen sollen, dass dieser von ihm stammte? Am Ende hätte er noch behauptet, ich sei für dieses Umweltdelikt verantwortlich!

Es war zum Verzweifeln. Fast hätte man meinen können, sämtliche Götter der Anarchie und des Chaos hätten ihre schützenden Hände über den Strolch gehalten! Doch ich gab nicht auf. Meine Entschlossenheit, H. zu überführen, wurde nun fast zur Besessenheit. Ich entfernte mich sogar regelmäßig von meinem Arbeitsplatz, um H. beobachten zu können.

Die Jagd hinterließ natürlich ihre Spuren. Eines Nachts begann H. erneut, in seiner Wohnung zu klopfen und zu sägen. Dieses Mal jedoch, ohne dass er sich den Anschein des rücksichtsvollen Nachbarn gegeben und die Geräusche irgendwie gedämpft hätte. Nein, wie ein Berserker wütete er in seiner Bude. Ich war allerdings zu erschöpft und trug meiner Frau auf, den Radaubruder zur Ruhe zu bringen. Nachdem sie gegangen war, schlief ich dann auch gleich wieder ein.

Am nächsten Tag hatte ich den Vorfall bereits vollkommen vergessen. Als ich mich auf der Arbeit in der Mittagspause über mein Essenspaket hermachen wollte, musste ich feststellen, dass meine Frau nicht nur, wie so oft, das Salz für meine Eier vergessen hatte. Nein, auch die Eier fehlten. Ebenso der Rest von meinem Essen. Das war ungewöhnlich. Und als ich nun näher darüber nachdachte, wollte mir scheinen, dass beim Frühstück auch meine Frau gefehlt hatte. Das war sogar noch ungewöhnlicher. Am Abend bei meiner Heimkehr bestätigte sich meine Vermutung dann. Meine Frau war weg. Da fiel mir der nächtliche Zwischenfall mit unserem Nachbarn wieder ein, und ein Verdacht beschlich mich. Ich eilte die Treppe hinauf und hämmerte an die Tür, doch niemand öffnete. Schließlich drückte ich die Klinke hinunter und fand die Tür unverschlossen. »Hallo. Ist jemand hier?«, rief ich, doch Schweigen war die einzige Antwort, die ich erhielt. H. war verschwunden und mit ihm seine Sachen. Und meine Frau.

Was soll ich dazu sagen? War es der Sonntagsbraten, der sie so sehr beeindruckt hatte? Oder der Umstand, dass H. Schauspiel- und Gesangslehrer war? Hoffte sie gar, eines Tages ebenso trillern zu können wie die Königin der Nacht?

Ich weiß es nicht. Für ein rational denkendes Männerhirn ist es eh kaum nachzuvollziehen, was in einem Weiberkopf vor sich geht.

Aber zumindest herrscht jetzt wieder Ruhe und Ordnung im Haus.

***

Freunde in der Ferne

Wie lieb und teuer einem die Heimat ist, dessen wird man sich erst voll bewusst, wenn man sie auf längere Zeit zu entbehren hat. Ach, wie schwer ward mir das Herz, als ich auf dem Weg zum Bahnhof ein letztes Mal den Blick über den Hafen schweifen ließ, ein letztes Mal mit tränendem Auge durch die Straßen und Gassen ging, die mir seit den zartesten Jünglingsjahren vertraut waren.

Viel zu lange schon hatte ich die Reise aufgeschoben, immer drängender waren die Bitten meines Onkels geworden, der im Ausland sein Glück gemacht hatte und in einer geschäftlichen Obliegenheit meiner Unterstützung bedurfte. Die geschäftliche Angelegenheit versprach einigen finanziellen Vorteil für mich, den ich nur zu gerne nutzen wollte, um meine Verlobte Ophelia endlich ehelichen zu können, und so sagte ich also zu. Aber der Abschied ward mir umso schwerer, als meine Braut kurz vor der Abreise erkrankte und das Bett hüten musste. Von ihrer gewohnten Lebhaftigkeit war bald nichts mehr zu spüren, sie war blass und wirkte kraftlos. Zusammen mit ihrer alten Mutter und einer Haushälterin namens Mathilde bewohnte sie ein ansehnliches Landhaus ein Stück vor der Stadt. Beide waren sie herzensgute Menschen, aber dennoch hätte ich ein höchst ungutes Gefühl gehabt, hätte ich meine kranke Verlobte allein in ihrer Obhut wissen müssen. So war es denn eine enorme Erleichterung für mich, als mir mein alter Freund Doktor Ferdinand Erkstein zusagte, während meiner Abwesenheit regelmäßig nach der Darniederliegenden zu sehen. Wohl ist mein Freund in erster Linie Psychiater, hat aber auch eine vorzügliche allgemeinmedizinische Ausbildung genossen, und nachdem er mir versichert hatte, dass Ophelia an nichts Ernsthaftem leide, machte ich mich auf den Weg und passierte schließlich zum ersten Mal in meinem Leben die Grenze zu unserem Nachbarland.

Mein Onkel war natürlich hocherfreut, als er mich endlich in die Arme schließen durfte, und so stark mich die Geschäfte, die mich hierher geführt hatten, auch in Anspruch nahmen, so war ich doch nie ganz frei von Sorge um die in der Heimat verbliebene Ophelia. Wie groß war dann mein Entzücken, als ich nach vier Wochen einen Brief mit der vertrauten Schrift meines Freundes in Händen hielt:

Lieber Freund,

ein langer und arbeitsreicher Tag neigt sich dem Ende und endlich nun finde ich die Zeit, dir einige Zeilen zu schreiben. Wie geht es dir? Ich hoffe, du bist wohlbehalten bei deinem Onkel angekommen und deine Geschäfte laufen so, wie du es dir erhofft hast. Doch wie sollten sie das nicht tun? Bei deiner Tatkraft und einem blonden Ziel vor Augen kann doch nur gedeihen, was du in Angriff nimmst. Aber ich sehe bereits, wie du ungeduldig Zeile um Zeile überspringst auf der Suche nach dem Namen, dem allein dein Sehnen gelten dürfte. Sei ganz unbesorgt, bester Freund, deiner

Ophelia geht es gut. Du kennst doch Professor van Gurgelhopf, meinen alten Lehrer, bei dem ich studiert habe. Wie der Zufall es will, weilt er gerade in unserer Stadt, und ich habe mir erlaubt, ihn im Fall deiner Ophelia zu konsultieren. Er ist ganz meiner Ansicht, dass es sich um nichts Gravierendes handele, und hat ihr eine Salbe verschrieben, die von ihm selber zusammengestellt wurde, und ihr außerdem regelmäßige heiße Bäder verordnet. Er ist wahrlich ein famoser Mann und dazu ein solch findiger Kopf. Du weißt, was für eine Kapazität er ist, und jeder Patient kann sich glücklich schätzen, wenn er sich in seiner Obhut befindet. Du brauchst also keinerlei Sorge zu tragen, dass es deiner Verlobten an irgendetwas mangeln könnte.

Auch ansonsten steht hier alles zum Besten. Ophelias Mutter ist wohlauf und auch die gute Mathilde. Von allen dreien soll ich dich herzlich grüßen, oder besser: von allen vieren, denn auch Wolfram, der Schäferhund, lässt dir die schönsten Grüße bestellen. Er scheint dich mehr noch zu vermissen als Ophelia und sich nach den Wurstenden zu verzehren, die du ihm immer mitgebracht hast. Weile also nicht mehr zu lange in der Ferne und lass bald etwas von dir hören.

Bis dahin verbleibe ich mit den wärmsten Grüßen

Dein Ferdinand

Ich las den Brief zweimal, ich las ihn dreimal und das Auge wurde mir feucht vor Rührung über die herzlichen Worte aus der Heimat. Ach, und welche Last wurde mir vom Herzen genommen, als ich vernahm, dass es meiner geliebten Ophelia gut gehe. Noch am selben Abend machte ich mich an ein Antwortschreiben an den treuen Freund und schickte an Ophelia auch einen Brief, dem ich noch einen Hundekuchen an Wolfram beifügte.

Die Arbeit ging mir nun viel unbeschwerter von der Hand und ich machte die besten Fortschritte. Mein Onkel war aufs Beste mit dem Fortgang der Geschäfte zufrieden und ich hoffte, schon bald genug Kapital für meine Hochzeit zusammenzuhaben. Nach drei Wochen dann erreichte mich ein weiteres Schreiben von Ferdinand:

Lieber Freund,

wie hüpfte mir das Herz vor Freude, als ich deinem Brief entnahm, dass deine Geschäfte solch vorzügliche Fortschritte machen und es dir in der Ferne so gut ergeht. Ich hoffe, auch deinem Onkel geht es gut. Richte ihm doch die besten Grüße von mir aus, denn gewiss erinnert er sich noch an mich.

Hier aus der Heimat gibt es nicht viel Neues zu berichten. Professor van Gurgelhopf ist noch hier und kümmert sich aufopfernd um deine Ophelia, der es mit jedem Tag besser geht. Die Salbe, die der Professor ihr verschrieben hat, wirkt wahre Wunder. Ich meine, ich habe in meinem letzten Brief erwähnt, dass van Gurgelhopf sie selber zusammengestellt hat. Die Hauptingredienzen sind Fledermausblut und Blutegelgedärme, die schon seit uralten Zeiten bei Anämie und Anämieähnlichem verwendet werden, wie dir gewiss bekannt ist. Du solltest sehen, wie deine Ophelia aufblüht, wenn die Salbe aufgetragen ist! Man erkennt sie gar nicht wieder, und inzwischen hat sie sich schon so weit erholt, dass sie gewiss an der Beerdigung wird teilnehmen können, zu der auch der Professor versprochen hat zu kommen. Ihre Mutter, musst du wissen, ist nämlich bedauerlicherweise verstorben. Ach ja, die Ärmste. Dir ist ja bekannt, wie schwach ihr Herz war. Gestern hat sie sich die lange Treppe ins Obergeschoss hinaufgequält, in dem Ophelias Schlafzimmer liegt, obwohl van Gurgelhopf ihr ausdrücklich solche Anstrengungen untersagt hatte. Der Professor und ich waren gerade bei Ophelia und haben ihr die Salbe einmassiert, da ist sie plötzlich zur Tür hereingekommen, und als sie uns sah, stell dir vor, da hat sie einmal kurz aufgeschrien und ist dann mausetot umgefallen. van Gurgelhopf konnte nur noch den Totenschein ausstellen. Aber da siehst du einmal mehr, was dabei herauskommt, wenn man nicht auf seinen Arzt hört. Wäre die Mutter unten im Erdgeschoss geblieben, wie ihr aufgetragen worden war, so würde sie noch unter uns weilen. Gott behüte ihre arme Seele.

So, das wäre soweit alles, was es von hier zu berichten gibt. Nun sei schön fleißig, dass wir dich bald wieder in der geliebten Heimat ans Herz drücken können. Nochmals meine besten Grüßen an den Onkel und

Alles Liebe

Dein Ferdinand

Das war natürlich ein Schock, obwohl wir natürlich ständig mit solch einem Unglück hatten rechnen müssen. Ich wusste um ihr gutes, aber eben auch schwaches Herz, o ja, und ich wusste um ihren Eigensinn, der manchmal direkt an Verbohrtheit grenzen wollte. Ach, armes altes Mütterlein, da sahst du nun, was dabei herauskommt, wenn man die Ratschläge gelehrter Männer in den Wind schlägt. Nur gut, dass wenigstens der Professor noch da war und sich in solch selbstloser Weise um meine Verlobte kümmerte und über diese schwere Zeit hinweghalf. Ich griff sogleich zur Feder und dankte ihm in den wärmsten Worten.

Wenn ich auch erleichtert war, als ich aus dem Brief erfuhr, dass die Genesung meiner Braut solch herrliche Fortschritte mache, schwebte das Schicksal der Mutter doch stets wie eine dunkle Gewitterwolke über meinem Haupt, und mit Ungeduld fieberte ich der nächsten Nachricht entgegen, die mich hoffentlich darüber in Kenntnis setzen würde, wie Ophelia mit dem schmerzlichen Verlust umgehe.

Etwa fünf Wochen musste ich warten, bis der Kurier mir die ersehnte Kunde aus der Heimat brachte:

Lieber Freund,

vielen Dank zunächst für deinen herzlichen Brief. Der Professor ist zutiefst gerührt und lässt dich wärmstens grüßen. Und um sogleich alle Sorgen zu zerstreuen, die dir möglicherweise das Gemüt betrüben: Deiner Verlobten geht es hervorragend. Der Verlust der armen Mutter hat uns natürlich alle tief getroffen, aber deine Ophelia hat die schweren Tage der Trauer tapfer überstanden, und sie hat mir gar aufgetragen, einige feuchte Küsse an dich weiterzureichen. So, hier sind sie. Nein, sei ganz unbesorgt, deiner Verlobten geht es ausgezeichnet, und glücklicherweise hat sich auch die Vermutung des Professors, ihre Anämie könnte durch einen Vampir verursacht worden sein, als Missverständnis herausgestellt. Ha, es war ja auch wirklich zu toll! Ich will dir gestehen, dass wir für einige Zeit in der höchsten Aufregung waren und das gesamte Schlafzimmer mit Knoblauch und Kruzifixen vollgehängt haben. Wir hatten sogar schon einige Holzpflöcke geschnitzt, die wir der Ärmsten durch das Herz stoßen wollten, hätten sich unsere Befürchtungen bewahrheitet und sie wäre selber zu einem Vampir geworden. Doch, wie gesagt, das Ganze war nur ein Missverständnis, denn die unzähligen Einstiche an Ophelias Unterarm stammten ja von keinem Vampir, sondern von mir, da ich ihr doch etwas Morphium gegen die unerträglichen Schmerzen hatte injizieren müssen, an denen sie seit der Sache mit Mathilde litt. Deine Verlobte hat sehr dünne Adern, wie du vielleicht weißt, verdammt dünne

Adern, und als ich endlich eine erwischt hatte, da sah ihr Arm in der Tat so aus, als hätte sich eine ganze Kompanie von Vampiren daran zu schaffen gemacht. Kein Wunder also, dass der gute Professor sich hat ins Bockshorn jagen lassen. Ha, wir haben dann auch herzlich gelacht, als sich das Missverständnis endlich aufgeklärt hat. Ja, es war auch wirklich zu spaßig!

Die Sache mit der unglückseligen Mathilde ist allerdings weniger spaßig. Lieber Freund, ich muss dir leider mitteilen, dass die arme Frau den Verstand verloren hat. Ja, man sollte es nicht glauben, aber sie ist total meschugge und ich musste sie in meine Anstalt einweisen, wo sie seitdem versucht, die Gitterstäbe ihrer Zelle durchzubeißen. Es ist wirklich traurig und vor allem so überraschend, denn niemand hatte wirklich damit gerechnet. Der Wahnsinn ist wie vom Himmel gefallen und hat sie nun fest in seinen Klauen.

Angefangen hat es, als wir Wolfram begraben haben. Ach ja, zum besseren Verständnis sollte ich vielleicht erwähnen, dass das arme Tier von einer verirrten Kugel getroffen worden war, als der Professor und ich uns im Garten die Zeit mit einer kleinen Schießübung vertrieben hatten. Und nun stell dir vor, was für einen Spektakel die gute Mathilde da plötzlich veranstaltet hat. Man hätte fast glauben können, wir hätten *ihr* ein Loch in den Pelz geschossen und nicht dem Hund. Wie eine tollwütige Fledermaus hat sie sich aufgeführt, und erst als der Professor ihr ein Beruhigungsmittel und etliche Gläser Gin eingeflößt hatte, hat sie sich einigermaßen beruhigt. Zumindest vorläufig. Irgendwann am Abend ließ die Wirkung des Mittels dann allerdings nach, und sogleich begann der Wahnsinn erneut, an ihrem armen Hirn zu nagen. Der Professor und ich befanden uns gerade im Baderaum, um das tägliche Bad zu überwachen, das van Gurgelhopf deiner Ophelia verschrieben hatte. Plötzlich trat Mathilde in den Raum und als sie uns in der Wanne sah, da umnebelte sich ihr Hirn ein weiteres Mal, jetzt aber noch viel schlimmer als zuvor. Sie brüllte auf wie eine Hyäne, stürmte in die Küche und war im Nu mit einem Nudelholz zurück, mit dem sie nun wie eine Furie auf uns eindrosch. Wir wussten gar nicht, wie uns geschah, und bevor wir die Rasende irgendwie überwältigen konnten, hatte sie Ophelia mit einem Schlag, der wohl mir gegolten hatte, das Nasenbein zertrümmert. van Gurgelhopf hat später die Vermutung geäußert, dass bei ihr vermutlich eine Nebenform von Hausfrauendelirium vorliege. Doch wie auch immer, wir mussten sie natürlich sofort in die Anstalt einliefern, erst danach konnten wir uns um Ophelia kümmern. Nach der Operation schlief der Professor gerade irgendwo im Salon seinen Rausch aus, denn die Sache war recht anstrengend gewesen und danach hatte er sich erst einmal eine Flasche von dem vorzüglichen Whiskey gegönnt, den Ophelias Vater im Keller gebunkert hatte. Gott sei seiner armen Seele gnädig. Ich war also ganz alleine mit deiner Verlobten, als die Schmerzen sie zu überwältigen drohten. Ach ja, bei der Operation hat es sich lediglich um einen zahnärztlichen Eingriff gehandelt, sei also ganz unbesorgt. Die wilde Mathilde – schau an, das reimt sich sogar! – , die Mathilde also hatte mit ihrem Nudelholz der armen Ophelia nämlich nicht nur das Nasenbein zertrümmert, sondern ihr außerdem noch einige der oberen Schneidezähne ausgeschlagen. Ich bin kein Zahnarzt, aber ich glaube doch, dass der wackere Professor recht gute Arbeit geleistet hat; zumindest sieht man die Lücken nicht mehr so deutlich. Doch so ein Eingriff kann einem schon das Auge feucht werden lassen, und daher flehte Ophelia mich an, ihr ein Schmerzmittelchen zu geben. Da habe ich sie also mit einer Dosis Morphium ruhiggestellt. Und ich habe ja schon erwähnt, welche Mühe ich damit hatte. Also, solche winzigen Adern sollte man wirklich unter Zuchthausstrafe stellen! Als das Werk endlich vollbracht, glaubte ich, wirklich eine kleine Stärkung verdient zu haben und machte mich ebenfalls über den Wiskey-Vorrat von Ophelias seligem Vater her. Am Morgen dann, da ich nun meinerseits meinen nicht unbeträchtlichen Rausch ausschlief, machte sich der Professor auf zur Visite in Ophelias Schlafzimmer. Als er die Narben an ihrem Arm sah und es nicht schaffte, sie aufzuwecken, war er natürlich sofort aufs Höchste alarmiert. Sein messerscharfer Verstand sagte ihm sogleich, dass es sich bei den Narben nur um die charakteristischen Bisswunden handeln könne, die ein Vampir zurücklässt. Und dass er sie nicht zu erwecken vermochte, konnte er natürlich nur dahingehend deuten, dass sie bereits zu einem Vampir geworden war. Denn gewiss ist dir bekannt, dass die Untoten bei Tage in einen tranceähnlichen Zustand verfallen, aus dem sie erst nach Sonnenuntergang erwachen. Und selbstverständlich konnte er nicht wissen, dass der vermeidliche Trancezustand nicht das Geringste mit Trance zu tun hatte, sondern ganz einfach auf den Morphiumrausch zurückging, in dem die gute Ophelia gerade schlummerte! Er weckte mich sofort auf und hatte damit auch wesentlich mehr Erfolg als bei deiner Verlobten, denn schließlich war mein Rausch nicht durch Morphium, sondern lediglich durch einen ausgezeichneten Whiskey bedingt. Ha ha ha! Er informierte mich, dass Ophelia von einem Vampir gebissen und vermutlich bereits verwandelt sei, ließ aber unerwähnt, wie er zu dieser Schlussfolgerung gelangt war. Wir besorgten uns also Knoblauch sowie Kruzifixe und schnitzten fleißig Holzpflöcke, und gerade wollte er ein ganz besonders prächtiges Exemplar durch ihre Brust bohren, da wies er auf den Arm und erläuterte mir, dass der Vampir, der hier am Werk gewesen, entweder sehr unerfahren oder aber äußert gierig gewesen sein müsse. Da verstand ich und klärte ihn auf, was es mit den Narben und dem Tiefschlaf auf sich hatte. Wir haben uns ganz köstlich amüsiert und van Gurgelhopf ist in ein solch schallendes Gelächter ausgebrochen, dass er sich nass gemacht hat und ich ihm schließlich ein Beruhigungsmittel injizieren musste.

Du siehst also, es steht alles zum Besten, und sobald Ophelia aus ihrem Rausch erwacht, wird sie sich gewiss um zwanzig Jahre jünger fühlen. Doch nun muss ich Schluss machen. Der Professor fängt im Salon gerade wieder an zu grölen und zu randalieren. Vermutlich hat er nichts Hochprozentiges mehr. Ich werde mal nach ihm sehen; in der letzten Zeit wird er immer rasch gereizt, wenn er auf Entzug ist.

Gehabe dich also wohl

Dein Ferdinand

Die Geschichte mit dem Vampir war wirklich zu komisch! Wie gerne hätte ich gesehen, wie die beiden in wilder Panik das Schlafzimmer mit Knoblauch auslegten und dann die Holzpflöcke schnitzten! Aber mir war ja bekannt, dass der Professor auch auf dem Gebiet des Vampirismus eine Kapazität war und sogar einige Lehrstühle in diesem Fach an diversen Universitäten innehatte. Welch Wunder also, dass er sogleich Feuer und Flamme war, als er die Narben am Arm meiner Ophelia gesehen hatte. Die Sache mit Mathilde war natürlich sehr traurig, aber tief in meinem Inneren hatte ich bereits befürchtet, dass es einmal so mit ihr enden musste. Wiederholt schon war mir bei ihr ein Hang zum Hysterischen aufgefallen, und wie leicht sich Hysterie in Raserei und regelrechten Wahnsinn steigert, das sieht man ja beständig. Voller Ungeduld wartete ich auf den nächsten Brief, denn nur zu gerne wollte ich erfahren, welche Fortschritte sie dabei machte, die Gitterstäbe in ihrer Zelle durchzubeißen.

Ich musste etwas über einen Monat warten. Gerade hatte ich den Kuhstall meines Onkels ausgemistet und war nun damit beschäftigt, die

Kuhkacke von meinen Stiefeln zu waschen, da vernahm ich das lang ersehnte Blasen des Posthorns:

Lieber Freund,

ach, ich wünschte, du wärst jetzt hier. Zu welcher Schönheit und Pracht ist unser Städtlein erblüht, seit die Natur einen ihrer ältesten Tricks vorgeführt und der Erde frisches Leben eingehaucht hat. Ja, es ist Frühling. Alles sprießt und quillt, die Kinder tollen über die grünen Parkflächen und alles freut sich des Lebens. Ach, welche Freude ist es, am Morgen an das Fenster zu treten, und die köstliche Morgenluft einzuatmen.

Und es gibt noch eine weitere gute Nachricht, die dich gewiss noch mehr interessieren wird als das Frühlingserwachen: Nächste Woche endlich ist es soweit, und man wird die abscheuliche Guste H. hängen. Gewiss hast du von dem Fall gelesen. Guste hat ihren Mann erschlagen, aus dem Ärmsten dann ein Festmahl bereitet und zu diesem ihre Schwiegereltern geladen, die sich dann auch mit Heißhunger über ihren Sohn hergemacht haben. Wirklich eine reizende Person, und ich habe mich des Öfteren gefragt, ob sie nicht irgendwie mit unserer Mathilde verwandt ist. Aber wie auch immer, jedenfalls hat van Gurgelhopf vom Richter die Erlaubnis erhalten, dem Leichnam die Nase sowie die Ohren abzuschneiden, damit er diese deiner Ophelia annähen kann. Du machst dir ja keine Vorstellungen, zu welchen Wundertaten die Chirurgie heutzutage imstande ist, und sei versichert, dass deine Verlobte danach so gut wie neu aussehen wird. Mit der Nase, die die wilde Mathilde ihr zertrümmert hat, ist ja nun wirklich nichts mehr anzufangen, und wenn man schon einmal am Schnippeln ist, sollte man die Ohren auch gleich erneuern. Der Ansicht ist auch der Professor. Das rechte Ohr könnte man mit etwas gutem Willen ja noch flicken, aber das linke ist fast noch schlimmer verkohlt als das Bett, in dem deine Verlobte geschlafen hat. Aber sei nicht besorgt, die Brandwache konnte zumindest verhindern, dass das Feuer auf den Wald übergriff, und außerdem war das Ganze ja schließlich so etwas wie ein Unfall. Der Professor hatte in jener Nacht die Wache bei Ophelia übernommen und irgendwie war er wohl mit der Zigarre im Bett eingeschlafen. Als er schließlich aufgewacht ist, stand das Schlafzimmer jedenfalls schon lichterloh in Flammen. Doch ich kann dich beruhigen, deine Ophelia verspürt keinerlei Schmerzen. Als der Professor sie aus dem Fenster geworfen hat, ist sie in die Vogeltränke im Garten gestürzt, wobei glücklicherweise auch gleich der Großteil der Flammen gelöscht wurde. Und beim Sturz muss sie irgendwie mit dem Kopf an den Rand der Tränke geschlagen sein, was ihr Gehirn wohl nicht so ganz unbeschadet überstanden hat. Zwar öffnet sie von Zeit zu Zeit das verbliebene Auge, bekommt aber weder von den Schmerzen noch von ihrer Umgebung etwas mit. Das sehen der Professor und auch die Ärzte, die wir hier konsultiert haben, ebenso. Und auch die Fehlgeburt, die sie beim Sturz aus dem Fenster erlitten hat, sollte dich nicht bekümmern. Glaube mir, aus philosophischer Sicht ist das mit dem Kinderkriegen eine sehr heikle Sache. Ich meine, Schopenhauer war es, der gesagt hat, dass die geplante Zeugung eines Kindes zu dem bloßen Zwecke, dass es in der Welt sei, sich zur Zeugung im Geschlechtsrausch so verhalte wie der kaltblütig geplante Mord zum Totschlag im Zorn. Und gewiss wirst du nicht wollen, dass man dich einen philosophischen Ignoranten schimpfe, der nicht einmal mit den elementarsten Lehrsätzen von Schopenhauer vertraut ist. Nein, du solltest dir wirklich weder wegen des Kindes noch wegen des Beines die Laune verderben lassen. Auch bei dem Bein waren die Ärzte einer Meinung, und man hat es gleich am nächsten Tag amputiert. Passiert sein muss das Ganze irgendwie, als ich mit der Kutsche, in der wir sie ins Krankenhaus bringen wollten, in den Straßengraben geraten bin. An Einzelheiten kann ich mich beim besten Willen nicht mehr erinnern, da ich mir am Abend etliche Gläser Branntwein gegönnt hatte und sich bei mir eh noch alles drehte, auch bevor ich mich mit der Kutsche überschlagen habe. Das Bein deiner Verlobten, so hat man mir glaubhaft versichert, war jedenfalls hinüber. Doch glaube ich kaum, dass in einer Hafenstadt wie der unseren ein Holzbein mehr oder weniger irgend auffällt. Aber vielleicht nimmst du Ophelia ja auch mit zu dir in die Einöde, in der du gerade haust. Das Holzbein hat doch immerhin den großen Vorteil, dass sie nur noch mit einem Schuh in die Kuhfladen treten kann. Teile uns deinen Entschluss bitte bald mit, damit wir hier die entsprechenden Vorkehrungen treffen können.

Und nun mache es gut

Dein Ferdinand

Der Brief eröffnete mir ganz neue Perspektiven, an die ich zuvor gar nicht gedacht hatte. Mein Plan war immer gewesen, in meine Heimat zurückzukehren und dort mein Leben mit Ophelia zu teilen. Nun schlug mein Freund vor, ich solle sie hier aufs Land bringen. Ein interessanter Gedanke. Ich wurde nun sehr nachdenklich. Was sollte ich tun? Und nicht nur die Frage nach unserem künftigen Wohnort beschäftigte mich. Was hatte es eigentlich mit der Fehlgeburt auf sich? Meine Verlobte musste demnach schwanger gewesen sein. Ich hatte einmal in der Bibel etwas von einer Jungfrauengeburt gelesen, hatte aber nie davon gehört, dass so etwas auch in unseren Breitengraden vorkommt. Doch mein Freund war als Studierter natürlich wesentlich kundiger in solchen Dingen als ich, schon alleine seine Bemerkungen über Schopenhauer hatten mir gezeigt, was für ein heller Kopf er doch war, und nachzufragen, das traute ich mich nicht, ansonsten hätte ich am Ende gar noch als ungebildet dagestanden. Ich entschied, nicht weiter darüber nachzugrübeln und mir stattdessen lieber Gedanken über unseren künftigen Wohnort zu machen. Und die Idee, sie hierher aufs Land zu bringen, gefiel mir mit der Zeit immer besser. Jawohl, ich würde sie herausholen aus diesem Moloch, in dem arglose Ehemänner von ihren blutrünstigen Weibern gegrillt wurden, würde sie hinausführen an die frische Luft, an den Busen der Natur. Zärtlich bei mir eingehakt würde sie an meiner Seite über Felder und Wiesen hinken, würde mit verschmorter Ohrmuschel dem Gesang der Vögel lauschen. Ach, wie schön würde das Leben hier draußen sein. Dann wieder überkamen mich Zweifel. Würde sie sich hier wirklich wohl fühlen? Immerhin war sie ein Kind der Stadt, liebte deren Ausschweifungen und Vergnüglichkeiten. Hatte Ferdinand in seinem letzten Brief nicht ganz dezent angedeutet, dass es hier bei uns womöglich etwas provinziell zugehen mochte? Und noch eine Frage stellte und stellt sich mir: Bin ich, der ich mich nun schon so vollständig an Kuhdung und Schweinegegrunze gewöhnt habe, überhaupt noch der rechte Mann für eine Weltdame wie Ophelia? Könnte ich ihr wirklich zu dem Glück verhelfen, das sie verdient?

Ach, wenn nur diese Ungewissheiten nicht wären.

***

Hotel Sonnenschein

Wir schrieben den fünften Juli, als ich von meinem Kollegen N. eingeladen wurde, in der kommenden Woche auf einem Historiker-Symposium in dem Dorfe G. einen Vortrag zu halten. Er habe, so eröffnete mir N. auf meine erstaunte Frage, einen wissenschaftlich interessierten Verwandten, der dort in der Gegend zwei Hotels besitze. Die Räumlichkeiten eines dieser Hotels, und zwar desjenigen, das sich direkt im Dorfe G. befand, stelle sein Verwandter den Teilnehmern besagten Symposiums zur Verfügung. Ich kannte weder den Verwandten noch das Hotel, wusste aber um die malerische Schönheit der Gegend dort und nahm die Einladung mit Freuden an. Dies umso mehr, als berufliche und persönliche Differenzen mein Verhältnis zu N. in der letzten Zeit doch arg belastet hatten und ich in der Einladung eine Offerte zur Aussöhnung sehen musste.

Ich machte mich also auf den Weg und gelangte schließlich in das Dorf G., das in seiner Verschlafenheit, dies musste ich mir eingestehen, seinen ganz eigenen Scharm versprühte. Bereits am Ortseingang kam mir N. entgegen und eröffnete mir, aufgrund dringender Reparaturarbeiten könne das Hotel im Dorf leider nicht für das Symposium benutzt werden. Man müsse notgedrungen auf das etwas außerhalb gelegene Hotel *Sonnenschein* ausweichen, das hingegen, wenn er es recht überlege, für unsere Zwecke viel geeigneter sei. Er beschrieb mir also den Weg und erklärte, er selber habe noch einige dringende Erledigungen im Dorf zu tätigen, werde aber so schnell wie möglich nachkommen. Wir verabschiedeten uns und ich machte mich also auf.

An Wäldern und Schluchten vorbei führte mich mein Weg tiefer und tiefer in die Wildnis hinein, und schon glaubte ich, mich verirrt zu haben, als ich plötzlich eine gewaltige Fassade über den Wipfeln des umstehenden Waldes aufragen sah. Anscheinend hatte ich endlich mein Ziel erreicht. Lange stand ich an dem Eisentor und blickte auf das dreistöckige, von einer mächtigen Hecke umschlossene Hotel. Das auf einer Anhöhe gelegene und über scheinbar endlos sich erstreckende Tannenwälder thronende Gebäude stellte zweifelsohne ein Paradies für Naturfreunde und Ruhebedürftige dar, dennoch drängte sich mir schon damals die Frage auf, wie ein Hotel in solcher Abgeschiedenheit bestehen könne, zumal die Gegend ganz und gar nicht auf Tourismus ausgerichtet schien. Etliche Gäste hatten freilich trotzdem den Weg hierher gefunden, wie mich ein Blick durch die Eisenstäbe des Tores in die ausgedehnte Gartenanlage des Hotels belehrte, wo ich etliche Gestalten lustwandeln sah.

Während ich noch meinen Gedanken nachhing, eilte ein Mann in weißem Jackett aus dem Hotel zum Tor und fragte nach meinem Begehr. Ich stellte mich vor und er öffnete mit einer tiefen Verbeugung das Tor. »Seien Sie willkommen, Professor Einstein«, begrüßte er mich mit reichlich übertriebener Förmlichkeit, bestand mit Entschiedenheit darauf, mir meine Tasche abzunehmen und geleitete mich dann nach drinnen. Um mögliche Missverständnisse auszuräumen, sei gleich an dieser Stelle erwähnt, dass ich nicht *der* Einstein bin. Nein, ich bin kein Physiker, sondern Historiker, trage an der Bürde meines Namens aber schwerer als an der meines Berufes.

In der Eingangshalle erwartete mich dann ein Kollege des Portiers, auch dieser in ein weißes Jackett gekleidet, auch dieser von ausgesuchter Höflichkeit. Zu seinem Jackett trug er eine Fliege, die in solch … nun, sagen wir einmal: unkonventioneller Weise gebunden war, wie ich es noch nie, erst recht bei keinem Hotelangestellten, je gesehen hatte. Mit einer etwas missglückten Verbeugung forderte er mich auf, ihm zu folgen, und er zeigte mir mein Zimmer im zweiten Geschoss. Da noch etwas Zeit bis zum Mittagessen war, beschloss ich, ein wenig im Garten spazieren zu gehen. Auf dem Gang zur Treppe, gerade als ich eine Tür mit der Aufschrieb *Nur für Personal* passierte, hielt ich plötzlich inne. Ich war mir nicht sicher, meinte aber doch, hinter der Tür einen gedämpften Schrei gehört zu haben. Ich wollte gerade die Klinke fassen, da öffnete sich weiter hinten im Gang eine Tür und eine hagere Gestalt in einem grauen Pyjama trat heraus.

»Ruuuhe«, stieß dieser aus und hielt sich die Ohren mit den Händen zu. »Ruuuhe! Ich will schlaaafen.« Dann war er wieder verschwunden. Hinter der Tür war es nun wieder still und ich entschied, mich später nach der Sache zu erkundigen.

Draußen im Garten hielt ich nach meinen Historiker-Kollegen Ausschau, konnte aber niemanden entdecken. Einige der Gäste nickten mir zu und bald trat ein Geistlicher auf mich zu, der sich mit einem Kopfnicken als Pastor H. vorstellte. Ich machte mich ebenfalls bekannt und sah, wie sich das Antlitz des würdevollen Alten aufhellte. »Der berühmte Gelehrte also«, sagte er und reichte mir nun auch die Hand. Wir gingen ein Stück gemeinsam und zu meiner Freude stellte ich fest, dass der Geistliche in historischen Dingen besser bewandert war, als ich vermutet hatte. Ich erzählte von meinen Studien, er stellte mit großem Sachverstand Fragen. Dann berichtete er vom Reich der Finsternis und vom einzigen Pfad, der zum Lichte führe. Mittlerweile war es Mittag geworden und ich fragte ihn, ob er mich zum Essen begleiten wolle, doch er schüttelte den Kopf. »Meine Nahrung ist nicht die der Normalsterblichen«, vertraute er mir in verschwörerischem Ton an und zog unter seiner Robe eine Flasche hervor, dessen Inhalt ein Etikett als *Dr. Sauses Superbrause* identifizierte. Dann nickte er geheimnisvoll und entschwand, nicht aber, ohne mir vorher versprochen zu haben, zu meinem Vortrag zu erscheinen, der für die frühen Abendstunden angesetzt war.

Ich sah dem Alten verwundert nach und begab mich alleine in den direkt neben der Eingangshalle gelegenen Speisesaal. Der Saal war bereits fast vollständig gefüllt, doch entdeckte ich auch hier niemanden von meinen Kollegen. Da bemerkte ich den Portier, der offensichtlich auch als Kellner tätig war, und dieser teilte mir mit, die Ankunft der Symposiums-Teilnehmer werde erst am späten Nachmittag erwartet, woraufhin er mich unter etlichen Verbeugungen zu einem freien Platz führte. Bald saß ich dann vor einer reichlich bemessenen Portion Kartoffelbrei mit Spiegeleiern, als ein untersetzter Herr in soldatischer Haltung an meinen Tisch trat und mich unverhohlen musterte. Ohne ein Wort zu sagen, nahm er mir gegenüber Platz und blickte mich an. Ich nickte ihm zu, doch er saß nur da und starrte mich an. Auch als sein Kartoffelbrei serviert war, wendete er den Blick nicht von mir. Gerade wollte ich ihn auf sein befremdliches Gebaren ansprechen, da beugte er sich vor und sprach: »Der Grouchy gehört füsiliert.« Zur Unterstreichung seiner Worte hieb er mit der Faust auf den Tisch, sodass sich uns etliche der Gäste zuwendeten. »Jawoll, füsiliert! Wäre der vor den Preußen auf dem Schlachtfeld erschienen, alles wäre anders gekommen.«

Nun verstand ich, dass er von der Schlacht bei Waterloo sprach. Zweifelslos spielte er auf meinen Vortrag an, der ja von den preußischen Reformen nach der Niederlage gegen Napoleon handeln sollte. »Sie sind also auch Historiker?«, fragte ich ihn also.

Meine Frage schien ihn wie eine Ohrfeige getroffen zu haben. Seine Augäpfel traten hervor, fast glaubte ich, sie müssten herausfallen. Gleichzeitig lief er rot an, ballte die Fäuste und verzog das Gesicht zu einer Grimasse. Dann sprang er auf und stürmte ohne ein weiteres Wort aus dem Saal. Verständnislos starrte ich dem merkwürdigen Gesellen nach, warf dann einen fragenden Blick auf die anderen Gäste, die jedoch bereits wieder in ihrem Kartoffelbrei stocherten. Schließlich hatte ich die Mahlzeit beendet. Ich beschloss, die Sache zu vergessen und mich auf meinen Vortrag vorzubereiten. Auf meinem Zimmer ging ich nochmals meine Unterlagen durch, konnte mich aber nur schwer konzentrieren, da meine Gedanken beständig zu dem seltsamen Benehmen von Personal und Gästen abschweiften.

Endlich wurde es Abend und ich begab mich erneut in den Speisesaal, wo mein Vortrag stattfinden sollte. Tatsächlich fand ich alles in bester Ordnung vorbereitet. Am Kopf des Saales befand sich ein Pult, die Tische waren weggeräumt und dafür etliche Stuhlreihen aufgestellt worden, die bereits fast vollständig gefüllt waren. Man wartete bereits auf mich. Kaum hatte ich den Saal betreten, da fuchtelte der Portier auch schon aufgeregt mit den Armen und rief, oder besser: brüllte, man möge doch endlich Ruhe geben. In der Tat verstummte auch sofort alles, nur um gleich darauf in ein noch lauteres Freudengeheul auszubrechen, als man mich bemerkte. Der Portier komplimentierte mich nun unter Verbeugungen, bei denen seine Nasenspitze beinahe den Boden streifte, zum Pult. Wohl noch ganze fünf Minuten klatschte und brüllte die gesamte Zuhörerschaft, als hinge ihr Seelenheil davon ab. Nur der untersetzte Herr, der sich beim Mittagessen so seltsam betragen hatte, hielt demonstrativ die Arme vor der Brust verschränkt.

Endlich kehrte doch noch Ruhe ein und ich begann meinen Vortrag. Eine gute Viertelstunde hing alles gebannt an meinen Lippen, dann erwähnte ich den Feldmarschall Yorck von Wartenburg, der ja bekanntlich das preußische Hilfskorps während Napoleons Russlandfeldzug aus dem französischen Heer gelöst hatte.

»Ein Verräter am Kaiser, dieser Sauhund!«, schrie da der untersetzte Herr und hob drohend die Faust. »Jawoll, Verräter. Füsilieren sollte man den!« Mit knallrotem Gesicht sah er herausfordernd auf die Reihen hinter sich, aus denen hier und dort zustimmendes Gemurmel zu vernehmen war.

Ich beschloss, ihn zu ignorieren und fuhr fort. Allzu weit kam ich hingegen nicht, denn kaum hatte ich im Zusammenhang mit den preußischen Reformen den Feldmarschall Blücher lobend erwähnt, da brach es erneut aus dem Herrn hervor, weitaus schlimmer nun als zuvor.

»Dieser Saupreuße!«, wetterte er völlig außer sich. »Was versteht der schon von der Kriegsführung. Glück hatte der, nichts als Glück. Und außerdem ist er ein Verräter am Kaiser!«

Die Zustimmung unter den Zuhörern war jetzt fast einhellig. Wohl wendete der Pastor ein, nicht der Glücksgöttin, sondern *Dr. Sauses Superbrause* habe Blücher den Sieg zu verdanken gehabt, doch er wurde gnadenlos niedergebrüllt. Ebenso erging es dem Mann im Pyjama, der sein *Ruuuhe!* ausstieß und beteuerte, er wolle schlafen. Ich brauche nicht zu betonen, dass mir nun sehr unwohl wurde. Hilfesuchend blickte ich mich im Saal um, sah aber fast nur in wütende Gesichter. Ein Mann lediglich saß unbewegt auf seinem Platz und schien sich köstlich zu amüsieren.

Der untersetzte Herr indessen gebärdete sich immer wilder und verfluchte die treulosen Preußen, als deren Repräsentant er mich anscheinend betrachtete, und, was noch bedenklicher war, konnte eine immer größer werdende Anhängerschaft um sich scharen. Selbst der gerade noch so ergebene Portier schüttelte nun wütend mit der Faust und sparte nicht mit obszönen Gesten.

Es war nun höchste Zeit für einen geordneten Rückzug. Ich stürmte aus dem Saal, gefolgt von einer johlenden Menge, aus der es nun *Vive la France* und *Vive l'Empereur* tönte. In meiner Panik wollte ich zunächst die Treppe zu meinem Zimmer nehmen, entschied mich dann aber doch für den Ausgang. Hinab den Pfad zum Tor. Verschlossen! Hektisch zwängte ich mich in die Hecke, zerkratzte mir Hände und Gesicht. Auch die Meute war nun bereits im Garten. Undeutlich vernahm ich, dass der verrückte Anführer etwas brüllte wie, dass die Sonne von Austerlitz nun auch über *Sonnenschein* scheinen werde. Endlich war es geschafft. Stöhnend hatte ich mich durch die Hecke gekämpft und rannte im gestreckten Lauf den Weg hinab, der irgendwann zum Dorf führen musste.

Schließlich wagte ich, mich umzusehen. Offensichtlich folgte man mir nicht. Ich verschnaufte also eine Weile und ging dann weiter. Nach etwa zehn Minuten kam mir ein altertümliches Gefährt entgegen, das sich schließlich als Streifenwagen herausstellte. Man hatte also bereits die Polizei informiert! Dankbar trat ich zu den Beamten, die auf mein Winken ausgestiegen waren. Wer ich sei, fragte man mich, woraufhin ich mich als Professor Einstein vorstellte. Gerade wollte ich das Vorgefallene berichten, da fassten mich auch schon vier kräftige Hände und zerrten mich in den Wagen. Irgendetwas an meinem Benehmen empfanden die beiden Herren wohl als provokant, denn ohne Zweifel stammte der Schlag, der mir die Besinnung raubte, von einem ihrer Schlagstöcke.

Als ich, noch benommen, die Augen wieder öffnete, transportierte man mich angeschnallt auf einer Bare durch eine Tür mit der Aufschrift *Nur für Personal*, die mir auf irgendeine Weise bekannt vorkam, wenn ich auch gerade nicht wusste, wo ich sie unterbringen sollte.

»Und passen Sie künftig etwas besser auf Ihre Patienten auf, Doktor«, hörte ich eine Männerstimme sagen, die unzweifelhaft einem der beiden Beamten gehörte.

»Wird gemacht. Und nochmals vielen Dank.«

Ich sah auf und erblickte den Mann, der während meines Vortrages und des folgenden Aufruhrs so amüsiert gewirkt hatte. Und noch jemanden erkannte ich: N.! Er stand neben dem Doktor und blickte scheinbar mitfühlend auf mich herab. Ich versuchte, mich zu befreien, doch sogleich drückten mich zwei Hände hinunter. »Nun ganz ruhig, Herr *Professor*«, hörte ich den Doktor noch sagen, bevor er mir eine Injektion verabreichte und mich ins Reich der Träume schickte.

Ich weiß bis heute nicht, ob N. ursprünglich nur geplant hatte, mich zu demütigen, indem er mich die Früchte meiner Studien einer Schar von Irren vortragen ließ, die in einer provisorisch zu einem

Hotel umgestalteten Heilanstalt leben, oder ob es von Anfang an zu seinem teuflischen Plan gehört hatte, mich hier festsetzen zu lassen. Letzteres scheint mir am wahrscheinlichsten, denn er muss ja gewusst haben, dass mich meine Angehörigen höchstens in dem Dorf suchen werden, kaum aber hier in dieser Einöde. Nun, da ich darüber nachdenke, meine ich mich zu entsinnen, einmal etwas von einem Verwandten Ns gehört zu haben, der irgendwo in der Abgeschiedenheit eine psychiatrische Anstalt leitet. Es wird ihm kaum Umstände bereiten, neben Napoleon und anderen Berühmtheiten auch einen Einstein zu behandeln. Und N. hat seine Rache. Sollten diese Aufzeichnungen irgendwann den Weg nach draußen finden und ich befreit werden, so werde ich gewiss seinen Skalp fordern. Doch vorab muss ich mich in Geduld üben. Meine einzige Hoffnung stellt der Pastor dar, der mich von Zeit zu Zeit in der geschlossenen Abteilung besucht. Wenn es mir gelingt, dessen Aufmerksamkeit für einen Augenblick von seiner Mission, die Welt durch *Dr. Sauses Superbrause* zum Heil zu führen, auf mein Anliegen zu lenken, so wird irgendwann vielleicht auch mein Tag der Rache kommen.

***

Die Kunst kriminalistischer Beweisführung

Wie leicht wäre der Kampf gegen das Böse, würden umständliche Gesetze nicht darauf bestehen, ein Verbrecher dürfe erst dann verurteilt und gerichtet werden, wenn er das Verbrechen, das er bereits Wochen und Monate im Geiste mit sich herumtrug, auch tatsächlich begangen habe. Nun ja, besagte Gesetze existieren, und da von Gesetzen gemeinhin behauptet wird, ohne sie würden wir uns gegenseitig zerfleischen, so wird die Strafverfolgung auch künftig die Prinzipien der kriminalistischen Beweisführung lediglich dazu verwenden, bereits begangene Verbrechen aufzuklären, statt die noch zu erwartenden zu verhindern. Doch bevor ich Ihnen an einem ganz konkreten Fall demonstriere, wie bedenklich die bestehende Gesetzeslage und die Praxis der Strafverfolgung sind, will ich kurz die Prinzipien der Beweisführung erläutern, mit deren Hilfe sowohl bereits begangene Taten aufgeklärt als auch solche verhindert werden können, die das Stadium der Planung noch nicht überschritten haben.

An erster Stelle stehen die hehren Prinzipien der logischen Deduktion und Induktion, die so vielschichtig und verschlungen sind, dass eine erschöpfende Besprechung derselben den kriminalistischen Laien nur verwirren würde. Ich will mich also darauf beschränken, deren Existenz mit aller Bestimmtheit hervorzuheben. Der nächste Punkt ist die Erfahrung. Ich verfüge über eine mehrjährige Erfahrung, die mich die Prinzipien der Beweisführung in solchem Maße haben verinnerlichen lassen, dass ich es gar nicht mehr bemerke, wenn ich deduziere oder auch induziere. Aber noch etwas weitaus Wichtigeres stellt sich bei ausreichender Erfahrung – und entsprechender Begabung – automatisch ein, was weder an Universitäten noch aus Büchern zu lernen ist: Gespür! Jawohl. Gespür. Noch bevor irgendwelche Beweise oder auch nur Hinweise auf Beweise vorliegen, spürt der begabte Strafverfolger bereits, wenn in seiner Umgebung eine Missetat begangen oder auch nur geplant worden ist. Und gewiss werden Sie nun auch ahnen, welche Qualen ich erleide, wenn ich ein geplantes Verbrechen spüre, ja, mir dessen schon ganz gewiss bin, aber nichts unternehmen kann, weil mir ein Wirrwarr aus Gesetzen und Vorschriften die Hände binden, sodass das Verderben ungehindert seinen Lauf nehmen kann.

Doch kommen wir nun zu dem bereits angekündigten Fall.

Ich verlasse mein Büro nur selten, denn alles, was ich für meine Ermittlungen benötige, befindet sich bereits dort: mein Scharfsinn samt logischer Deduktion und Induktion, meine Erfahrung, mein Gespür, ein Feldstecher und ein Fenster, durch das ich mit dem Feldstecher spähen kann. Mein Büro liegt an der Hauptstraße unseres Ortes, und an der gegenüberliegenden Straßenseite befindet sich ein recht breiter Gehweg, der an einer Reihe von Geschäften und Wohnhäusern vorbeiführt. Unser Städtlein ist ein ruhiger, ist ein angenehmer Ort, dessen Einwohner ganz überwiegend ein gesetzestreues und anständiges Leben führen. Doch selbst hier finden sich hin und wieder kriminelle Elemente, und wann immer Laster und Verderben sich einen Weg in unsere Gemeinschaft bahnen, so führt sie das Geschick regelmäßig den Gehweg gegenüber meinem Büro entlang. Und dort nun warte ich, bewaffnet mit meinem Scharfsinn und meinem Feldstecher.

Eines Tages begab es sich nun, und hier beginnt jetzt unser Fall, dass ein älteres Ehepaar um 18:21 Uhr auf eben jenem Gehweg entlangspazierte. Zunächst war an den beiden nichts Ungewöhnliches oder gar Verdächtiges zu entdecken. Ein Ehepaar eben, das in den Abendstunden einen Spaziergang machte. Sie gingen nun regelmäßig zwischen 18:13 und 18:25 Uhr an meinem Büro vorbei, ohne irgendwelchen Argwohn zu erwecken, bis eines Tages, wir schrieben den 4. November, sich meine stärkste Waffe, mein Gespür, vernehmen ließ und mich mahnte, die beiden im Auge zu behalten. Ich hatte zu diesem Zeitpunkt noch keinerlei objektiv nachvollziehbare Hinweise auf irgendein Vergehen, aber die benötigte ich auch gar nicht. Wenn mein Gespür mir eingab, dass sich etwas zusammenbraue, so wog dies mehr als jede noch so sorgfältig zerstückelte Leiche.

Ich behielt die beiden also im Auge. Der Mann hatte die Sechzig bereits deutlich überschritten, war wahrscheinlich Rentner. Vollständig ergrautes Haar, groß gewachsen, aufrechter Gang, knielanger Mantel aus schwarzem Tuch. Gehobener Mittelstand, wahrscheinlich ehemaliger Beamter.

Die Frau war wesentlich jünger, in den Fünfzigern, vielleicht auch erst in den Vierzigern, einen Kopf kleiner als der Mann, brünett, attraktiv, dunkelblaue Cordjacke.

Am 6. November passierten sie um 18:21 Uhr mein Büro, und dieses Mal machte ich zwei Beobachtungen, von denen eine ganz klar bestätigte, dass mein Gespür mich nicht getäuscht hatte. Zum einen konnte ich an ihren Schuhen den Weg bestimmen, den sie gegangen sein mussten. Ohne Zweifel waren sie von der Greifenstraße in den Stadtpark eingebogen, waren dort den am Teich vorbeiführenden Weg entlanggegangen, der direkt bis an die Hauerstraße führt. Der Hauerstraße waren sie dann ein Stück nach links gefolgt bis zur Ampel, hatten dort die Straße überquert und waren die Fußgängerzone entlang bis zur Hauptstraße gegangen, wo sie dann auf den Gehweg abgebogen waren, der auf der gegenüberliegenden Seite an meinem Büro vorbeiführt. Der Hinweis, der mir ihren Weg verraten hatte, war so trivial, dass ich mich kaum getraue, ihn hier anzuführen: Ihre Schuhe waren mit einem bräunlichroten Schlamm beschmutzt, wie man ihn bei Regenwetter – und in den vergangenen Tagen hatte es geregnet – auf dem Weg im Stadtpark vorfindet, und zwar *nur* auf dem Weg im Stadtpark! Die zweite Beobachtung war noch bedeutsamer, denn sie bewies mir nicht nur die Verlässlichkeit meines Gespürs, sondern verriet mir auch, dass der Haussegen bei den beiden schief hängen musste. Gingen sie sonst immer eingehakt und in ein eifriges Gespräch vertieft den Gehweg entlang, so schwiegen sie am 6. November mit eisiger Miene und hatten zu allem Überfluss noch die Hände demonstrativ in den Mantel- bzw. Jackentaschen vergraben.

Ich ging einige Male grübelnd in meinem Büro auf und ab, doch sagte mir mein Ermittlersachverstand schon bald, dass ich zunächst die Ereignisse zumindest des folgenden Tages werde abwarten müssen, bevor ich irgendwelche Schritte einleiten konnte. Der nächste Tag kam und mit ihm das Ehepaar. Auch dieses Mal gingen sie schweigend und mit eisiger Miene vorbei. Am übernächsten Tag, dem 8. November, gingen sie zwar wieder eingehakt, doch genügte schon ein Blick in ihre Gesichter, um in diesem Theater den sehr ungeschickten Versuch zu erkennen, den Schein einer glücklichen Ehe zu bewahren.

Das, worauf ich gewartet hatte, folgte dann am nächsten Tag. Als ich auf meinem Posten am Fenster stand, in der einen Hand den Feldstecher, in der anderen einen Martini, wen entdeckte ich da? Oder genauer: Wen entdeckte ich da zu einer völlig ungewohnten Zeit, nämlich um 14:32 Uhr? Ganz recht. Die Frau. Und zwar *nur* die Frau; sie war alleine, ohne ihren Ehemann! In einer Ungezwungenheit, die schon fast lächerlich wirkte, flanierte sie den Gehweg entlang, blieb bisweilen stehen, um die Auslage in einem der Schaufenster zu betrachten, tat interessiert, nur um sich im nächsten Augenblick den Anschein höchster Empörung über die Preise zu geben. O ja, sie, die unschuldige, von ihrem Mann so kurz gehaltene Ehefrau in der schäbigen Cordjacke, sie hatte allen

Grund, sich über den Wucher der Welt erbittert und voll Zorn zu zeigen!

Sie ging also weiter, bisweilen noch unwillig den Kopf schüttelnd, und dann, ja, dann kam, was kommen musste. Ein Mann, jung, voll Leben, attraktiv, in der Blüte seiner Jahre. Er verließ gerade eine Drogerie, als er – ganz zufällig! – die Frau erblickte. Ach, wie groß war das Erstaunen über die so zufällige Begegnung auf dem belebten Gehweg. Sie reichte dem jungen Mann die Hand, wie man es bei einem entfernten Bekannten zu tun pflegt, den man irgendwann einmal bei einem ganz unbedeutenden Anlass kennengelernt und gleich darauf wieder vergessen hat. Man gab sich also die Hand, nur kurz, betont distanziert. Dann plauderte man ein wenig, tauschte die üblichen Floskeln aus, die man eben für ganz unbedeutende und zufällige Bekannte bereitzuhalten pflegt.

Ich musste schmunzeln, war innerlich aber doch empört und fühlte mich beleidigt, dass die beiden Schmierenkomödianten glaubten, einen erfahrenen Ermittler meines Ranges mit dieser Vorstellung narren zu können. Doch beließ ich es bei einem Kopfschütteln und beobachtete weiter, obwohl ich natürlich längst wusste, was als Nächstes geschehen würde. Und da geschah es auch schon. Er öffnete eine Plastiktüte mit den Einkäufen, die er gerade in der Drogerie getätigt hatte, und holte eine Schachtel heraus. Dies tat er ohne den geringsten Versuch, etwas zu verbergen. Ganz im Gegenteil, er wühlte so auffällig in seiner Tüte herum, geradezu als wolle er herausbrüllen: *Seht alle her! Glaubt ihr etwa, ich hätte irgendwas zu ver-*

heimlichen? Dem geübten Auge fiel allerdings sofort ein kleines, aber bedeutendes Detail auf: Der Bursche achtete peinlich darauf, dass er den Großteil der Schachtel mit der Handfläche bedeckt hielt, sodass nur die Frau diese eindeutig identifizieren konnte.

Außer mir ist das natürlich niemandem aufgefallen; die Frau konnte also die Schachtel unbehelligt an sich nehmen und dann, nach einem flüchtigen Händedruck mit dem Mann, ihres Weges gehen.

Und hier nun befand ich mich wieder an jenem Punkt, da mir so schmerzhaft die Unzulänglichkeiten unserer Gesetzgebung bewusst wurden. Hätten mir nicht umständliche Gesetze die Hände gebunden, sondern hätte ich jetzt sogleich in Aktion treten können, welches Leid wäre der Menschheit erspart geblieben! So aber nahm das Verhängnis seinen Lauf, und ich konnte nichts anderes tun als abwarten.

Ich wartete also, zur Untätigkeit verdammt, während das Böse jeden Augenblick in unsere Stadt einfallen konnte. Dennoch wartete ich ohne innere Anspannung, da ich ja wusste, auf wen ich wartete und wann die Erwartete eintreffen würde. Ich beobachtete also die Passanten auf dem Gehweg, die sich im Laufe des Nachmittags allerdings rar machten, nachdem der erste Schnee des Jahres zu fallen begonnen hatte und es empfindlich kühl geworden war. So vergingen also die Stunden, und als es endlich 18:15 Uhr war, da erschien sie endlich. Ohne die geringste Überraschung stellte ich fest, dass sie wiederum alleine war. Dies war die Zeit, zu der sie täglich ihren Spaziergang mit ihrem Mann unternahm, aber nun kam sie allein. Aber immerhin kam sie, der Schein musste schließlich weiterhin gewahrt werden! Ebenfalls ohne Überraschung stellte ich fest, dass sie nun nicht mehr ihre alte Cordjacke trug, sondern einen teuren Pelz. So sicher fühlte sie also bereits.

Ich ließ sie gehen und beschloss, am nächsten Tag in Aktion zu treten.

Den folgenden Vor- und Nachmittag beobachtete ich zunächst den Gehweg, ohne die Frau hingegen entdecken zu können – ganz wie ich erwartet hatte. Um 17:30 Uhr packte ich meinen Arbeitskoffer und begab mich in den Stadtpark. Dort wartete ich. Ich wartete zehn, ich wartete fünfzehn, ich wartete zwanzig Minuten. Es hatte bereits zu dämmern begonnen und ich befürchtete schon, sie irgendwo übersehen zu haben. Dass sie kommen würde, stand außer Frage. Sie musste auch heute und noch am folgenden Tag den Spaziergang unternehmen, um den Anschein zu erwecken, alles sei in bester Ordnung und gehe seinen gewohnten Gang. Ich marschierte den Weg im Stadtpark auf die Hauerstraße zu, und da mit einem Male entdeckte ich sie. Sie hatte also versucht, mich zu täuschen, war heute nicht durch den Park gegangen, sondern schlenderte scheinbar völlig unschuldig – aber natürlich wieder im Pelzmantel! – die Hauerstraße entlang. Im Laufschritt machte ich mich auf und erreichte die Hauerstraße gerade in dem Augenblick, da sie den zum Stadtpark führenden Weg passierte. Ich hielt sie an und teilte ihr mit, in aller Höflichkeit natürlich, dass sie festgenommen sei. Die folgenden Erläuterungen hätte ich mir gerne erspart, da sie ja den Grund ihrer Festnahme ebenso gut kannte wie ich. Aber das Gesetzt schreibt diese Formalitäten vor, also schilderte ich ihr auf ihre verwunderte Frage, die sie nicht ohne schauspielerisches Talent vorbrachte, was geschehen war. Die unglückliche Ehe mit dem bejahrten Mann, der sein ganzes Leben lang treu dem Staat gedient und dessen einziges Verbrechen darin bestanden hatte, sparsam und inzwischen alt zu sein; der wahrscheinlich aus einer anderen Stadt stammende jugendliche Liebhaber, der ihr aus der Drogerie das Gift – vermutlich Rattengift – besorgt hatte, weil sie selber glaubte, dort möglicherweise erkannt zu werden. Dann der Nachmittagstee für ihren Mann, dem sie heimlich das Gift beigemengt hatte; erste Darmkrämpfe, Übelkeit, röchelnd hatte sich der Mann zum Badezimmer geschleppt, wo er dann zusammenbrach. Währenddessen hatte sie den Haustresor geplündert und ließ dann ihren sterbenden Ehegatten – bis dass der Tod uns scheidet! – in der Wohnung zurück, um sich nach all den Jahren der Entbehrung endlich den lang ersehnten Pelzmantel zu kaufen. Dann zur gewohnten Zeit der Spaziergang, um ja keinen Argwohn zu erwecken, was ihr gewiss auch gelungen wäre, hätte sie sich hierfür nicht gerade den Gehweg vor meinem Büro ausgesucht. Nach der Beerdigung ihres Mannes dann schließlich die Flucht mit ihrem jugendlichen Liebhaber. Was sie dazu zu sagen habe. Nun ja, Sie kennen das Geschwafel, das in solchen Fällen zu folgen pflegt. Das alles sei ein riesiges Missverständnis; was heiße hier Ehemann, der Mann sei ihr Vater, den sie seit Jahren betreue; der angebliche Liebhaber sei ihr Neffe, der ihr ein Mittel gegen Erkältung gegeben habe, nachdem sie ihm erzählt habe, dass ihr Vater gerade wegen einer solchen darniederliege. Ich könne ja Dr. N. fragen, wo sich ihr Vater gerade befinde; und natürlich habe sie ihren Pelzmantel bei der Kälte angezogen, es habe schließlich geschneit, und so weiter und so fort.

Ich ließ den Redestrom über mich ergehen, nickte ihr höflich zu und öffnete meinen Arbeitskoffer. Diesem entnahm ich ein Paar Latexhandschuhe, stülpte sie über, fasste die Frau mit einer Hand am Kinn, mit der anderen am Hinterkopf und drehte den Kopf einmal scharf nach links, woraufhin sie wie ein nasser Sack zusammenbrach. Dann entnahm ich meinem Koffer eine mit einem Plastikgriff versehene Eisenstange und schlug zur Sicherheit noch einige Male auf ihren Schädel ein. Nachdem dies getan, entsorgte ich die Delinquentin in einem der Müllcontainer in der Hauerstraße und machte mich auf den Heimweg.

Auf dem Gehweg kurz vor der Drogerie begegnete ich dem Ehemann der Frau. Ich führte ihn im Karnickelfanggriff über die Straße in mein Büro und stellte ihn zur Rede. Seine Ausflüchte waren fast ebenso idiotisch wie die seiner Frau. Ich erläuterte ihm die Rechtslage und öffnete meinen Koffer. Er protestierte, empfand eine Kastration als Strafmaß für bewusste Irreführung der

Justiz anscheinend als unangemessen. Ich konnte die Einwände des alten Bocks beim besten Willen nicht nachvollziehen – schließlich war er mittlerweile ja eh Witwer – und machte mich an die Arbeit. Das Werk war erst halb vollbracht, da begann er zu schimpfen und mich mit den unflätigsten Beleidigungen zu überhäufen. Ich ließ ihn zunächst gewähren, und er steigerte sich mehr und mehr in seine Raserei hinein. Schließlich versuchte er gar, mich tätlich anzugreifen, womit er hinsichtlich der Schwere des Vergehens in etwa mit seiner Frau gleichzog und selbstredend dasselbe Strafmaß verdiente. Ich brachte ihn noch in derselben Nacht zu dem Container mit seiner Frau, wo sie nun friedlich nebeneinander ruhen. Lachen Sie bitte nicht. Selbst ein nüchterner und an harte Fakten gewohnter Ermittler wird bisweilen sentimental.

Der jugendliche Liebhaber der Frau hat die Stadt anscheinend wieder verlassen. Zumindest aber ist er klug genug, sich nicht auf dem Gehweg vor meinem Büro blicken zu lassen.

***

Der Künstler

Wahres Künstlertum ist angeboren.

Es gibt nur wenige Wahrheiten, deren Wahrheitswert so offenkundig und für jedermann ersichtlich ist – oder zumindest sein sollte! – wie diese aus nur vier Worten bestehende Sentenz. Jawohl, wahres Künstlertum ist angeboren, liegt mithin in dem ganz besonderen Saft begründet. Spätere Faktoren wie Erziehung und Ausbildung mögen noch mit hineinspielen, doch stellen diese lediglich, wie man so schön sagt, eine quantité négligeable dar, auf die jederzeit verzichtet werden könnte und die ohne entsprechendes Genmaterial keinesfalls mehr hervorbringen als den billigen Abklatsch eines Künstlers oder, sprechen wir es ruhig aus: den Pöbel unter den Kunstschaffenden.

Dass ich zu der erlauchten Klasse derer zähle, denen das Künstlertum im Blut liegt, das werden Sie gewiss bereits erraten haben. Und ebenso gewiss werden Sie jetzt zu wissen begehren, welcher Art mein Künstlertum denn nun sei. Ich will es Ihnen verraten: Ich bin Coiffeur. Wenn Sie sich nun fragen, weshalb ich ein solch kompliziertes Wort wie Coiffeur benutze, statt mich ganz einfach einen Friseur zu heißen, so sind Sie gut beraten, dieses Büchlein sogleich wieder zu schließen und meinetwegen als Unterlage für ein wackelndes Tischbein zu verwenden, sich aber keinesfalls an dessen Lektüre zu versuchen, da Ihnen in diesem Fall ganz eindeutig jedes Verständnis für das Wesen wahren Künstlertums abgeht. Und genau darum geht es nun einmal auf den folgenden Seiten.

Jawohl, ich bin also Künstler. Und sollten Sie irgendeinen Zweifel an meiner Berufung zum Coiffeur und somit zum Künstler hegen, so empfehle ich Ihnen, einen Blick in meine Geburtslegende zu werfen, deren Wahrheitsgehalt schon deshalb außer allem Zweifel steht, da ich ihn persönlich bezeugen kann. Es verhielt sich nämlich so, dass der Arzt, dem die Ehre zuteil ward, mich dem Licht und dem Entzücken der Welt zuzuführen, mir nach meiner Geburt wiederholt auf das Hinterteil schlug, ohne mir dabei auch nur den geringsten Laut entlocken zu können. Er wollte schon ob meiner Sturheit verzweifeln, als plötzlich eine Schwester das Krankenzimmer betrat, die um das Haupt herum das trug, was in gewissen Kreisen als *Bubikopf* bezeichnet wird. Dieser Anblick beleidigte mein bereits damals ausgeprägtes ästhetisches Empfinden dermaßen, dass ich sogleich zu schreien begann, als sei der Leibhaftige in mich gefahren, und voll Entsetzen ausrief: »Mon Dieu, que je souffre!«

Mein Weg war mir also vorherbestimmt und ich wurde Coiffeur. Doch denken Sie bitte nicht, dass mir jeder Tag ungeteilte Freude und Inspiration beschert. Hätte Michelangelo nur Ton statt Marmor zur Verfügung gestanden, so wäre er Töpfer geworden und kein Bildhauer. Und wie Michelangelo benötige auch ich angemessenes Material, dem mein Genie Gestalt verleihen kann. Ich brauche Haare. Schöne Haare. Inspirierende Haare. Und die sind rar. Oft vergehen Tage und Wochen, ohne dass sich auch nur ein einziger würdiger Haarschopf in unser altehrwürdiges Geschäft verirrt, und ich bin dann zu Tätigkeiten verurteilt, die jeder Lehrling, ja, die selbst ein *Friseur* erledigen könnte. Aber dann sind da auch immer wieder diese lichten Augenblicke, da eine Haarpracht erscheint, die das Coiffeurblut ins Wallen bringt und die Inspiration die tollsten Blüten treiben lässt.

Einen solchen Augenblick durfte ich in der vergangenen Woche erleben, als eine Frau von mittleren Jahren das Geschäft betrat.

Ich musste mir die Augen mit den Händen abschirmen, um nicht geblendet zu werden von einer solchen Pracht, die alles in der näheren und weiteren Umgebung überstrahlte und zu zerschmelzen drohte. Mit Tränen in den Augen fiel ich auf die Knie und dankte allen Coiffeurgöttern für diese Gnade. Dann erhob ich mich wieder und näherte mich mit geradezu religiöser Scheu dem Objekt meiner Sehnsucht, das ich wohl schon in meinen kühnsten Träumen geschaut hatte, von dem ich aber nie gehofft hatte, es auch einmal vor mir zu sehen und berühren zu dürfen. Ehrfurchtsvoll ließ ich die Hand durch das goldseidene Haar gleiten und stöhnte auf vor wonnigem Entzücken, als es mich wie aus einer anderen Welt durchfuhr und ich glaubte, auf goldenen Schwingen direkt hinauf in die süßen Gefilde des Elysiums getragen zu werden. Doch nur kurz verweilte ich dort, denn es galt nun rasch zu handeln, damit keiner meiner Kollegen mir die holde Maid entreiße. Ich zerrte also geschwind eine ältere Frau, deren Kopfbewuchs bestenfalls zum Staubmopp getaugt hätte, von ihrem Frisierstuhl und geleitete sie im Karnickelfanggriff nach draußen. Dann verneigte ich mich vor der Herrin der göttlichen Haarpracht und führte sie zu dem freien Stuhl.

»Madame werden zufrieden sein«, versicherte ich ihr. »Madame werden bezaubert sein. Aphrodite auf dem fernen Olymp wird voll Andacht auf die Knie fallen, wenn das Genie des Maestro und das gülden Haar von Madame sich in göttlicher Harmonie vereinen und ein Werk von solcher Erhabenheit kreieren, wie es weder Sterbliche noch Götter bisher je gesehen.«

Ich umrundete die Frau nun einige Male, um mir einen genauen Überblick zu verschaffen und mich gleichzeitig zu inspirieren.

»Ich wollte die Haare eigentlich nur waschen lassen«, sagte sie.

Ich überhörte diese plebejische Ansage und machte mich ans Werk. Das Haar war etwa hüftlang und unten recht unregelmäßig geschnitten. Ich fragte hingegen nicht, welcher Barbar hier gewütet habe, denn ich war nun voll und ganz mit den Inspirationen beschäftigt, die von allen Seiten auf mich einstürzten. Doch kurz nur war das Feuerwerk vonnöten, da erkannte ich, dass hier einzig und allein eine Coiffure à la bombe à la Madame Moufette in Frage kam. Ja, die Coiffure à la bombe, mit ihr würde ich an diesem wolkenverhangenen Tag Coiffeurgeschichte schreiben und meinem Namen Unsterblichkeit verleihen. Meine Augen glühten, ich war wie entrückt, als ich das Werk im Geiste entstehen und schließlich vollendet sah.

Nun gab's kein Halten mehr. Ich zückte Schere und Kamm, schnippelte und kämmte, zupfte und flocht. Das Kernstück einer Coiffure à la bombe stellt, wie Ihnen gewiss bekannt ist, ein geflochtenes Herz dar, das etwa im Nacken beginnt und sich gut zwanzig Zentimeter nach unten erstreckt, dort allerdings nicht in einer Spitze zusammenläuft, sondern in mehreren geflochtenen Zöpfen auseinandergeht, die die Form einer explodierten Granathülse annehmen. Daher der Name.

Ich arbeitete mich nun in einen regelrechten Rausch, und wie jeder wahre Künstler kann ich sehr gereizt reagieren, wenn man mich in meinem Schaffen stört. Zunächst ignorierte ich die Fragen und Einwendungen der Frau, dann antwortete ich mit einem Grunzen. Als das auch noch nicht half, hielt ich ihr meine Spezialmischung unter die Nase, die sie dann sogleich ruhig stellte. Ich konnte nun in Ruhe wirken, meiner Inspiration und meiner Eingebung folgen, und nach zwei Stunden dann endlich war es vollbracht.

Ich trat zwei Schritte zurück, ging um die Frau herum, fuhr mir mit den Händen an die Wangen, dann fiel ich zum zweiten Mal an diesem Tag auf die Knie, nun vor Ehrfurcht vor meinem Werk.

Lange Minuten kniete ich so da, unfähig, auch nur einen Muskel zu rühren oder einen bewussten Gedanken zu fassen. Bis in die letzte Fiber war ich erfüllt von der Pracht und Schönheit, die auch der sprachgewaltigste Dichter, ja, die selbst die beiden Olympier nicht würden in Worte fassen können. Eine solch vollendete Harmonie nämlich hatte ich meinem Werk eingehaucht, wie sie weder Mozart in seinen göttlichen Kompositionen noch Shakespeare, Goethe oder Poe in ihren Gedichten erreicht hatten, und selbst das Lächeln der Mona Lisa musste geradezu bäurisch erscheinen neben der Vollendung, die sich mir hier offenbarte.

Und nun geschah, was geschehen musste. Die Wirkung meiner Spezialmischung ließ nach und die Frau blickte sich mit dümmlichem Gesichtsausdruck um.

»Schon fertig?«, lallte sie mit schwerer Zunge.

Schweren Herzens nickte ich.

Sie hievte sich umständlich aus dem Frisierstuhl, drückte mir einen Geldschein in die Hand und torkelte dann aus dem Geschäft. Einen letzten Blick noch erhaschte ich von meinem Werk, dann war es fort.

Ich zerknüllte den Geldschein und schleuderte ihn in eine Ecke, dann spürte ich, wie heiße Tränen in mir aufstiegen, und ich versuchte erst gar nicht, sie aufzuhalten. Glühend wie Lavatropfen rannen sie über meine Wangen, und die Ödnis und die Leere, die meinen Busen nun erfüllten, waren so unermesslich, dass sie mich zu verschlingen drohten. Sie können nicht nachempfinden, was in jener trüben Stunde in mir vor sich ging? Dann kennen Sie also auch nicht die Leidenschaft und die Hingabe, mit denen der begnadete René Cardillac die von ihm geschaffenen Schätze hütete? Und Sie wissen auch nicht um die Geschichte des genialen Komponisten Grünerli, der ein Requiem auf die verstorbene Gemahlin des Herzogs von Neugramstein verfasste? Grünerli war geradezu besessen von seinem Requiem und erfand Ausrede um Ausrede, um dessen Aushändigung an den Herzog hinauszuzögern, bis es schließlich auf seiner eigenen Beerdigung gespielt wurde, nachdem der Herzog ihn wegen Befehlsverweigerung hatte hängen lassen.

Ja, so ergeht es dem wahren Künstler. Unverstanden sind wir und einsam in unserem Leid.

In den trübseligsten Grübeleien gefangen brachte ich den Rest des Arbeitstages irgendwie hin. Abends dann entschied ich, auf einem Spaziergang durch die Stadt Trost und Vergessen zu suchen, wenn ich mich gleich in dieser Hinsicht keinen allzu großen Hoffnungen hingab. Möglicherweise würde ich mich auch in eine Schenke begeben und mich bis zur Bewusstlosigkeit betrinken.

Der Abend war ungemütlich und der einsetzende Regen drückte mir noch mehr aufs Gemüt. Doch da mit einem Male, ich war gerade in die F.-Straße eingebogen, entdeckte ich sie, entdeckte *es* unter dem Vordach eines Restaurants! Da war es. Mein Werk! Ach, wie jauchzte, wie jubilierte mein Herz beim Anblick meines Kleinodes, – nur um im nächsten Augenblick den Betrieb ganz einzustellen. Ich spürte, wie alles Blut aus meinem Gesicht wich und sich gleichzeitig alle Haare und Härchen an meinem Körper aufrichteten. Sekunden später polterte mein Herz dann wieder los und schnaufte und lärmte wie eine Dampfwalze mit Fehlzündungen.

»Um Himmels Willen, nein!«, brüllte ich und sprintete los. Ich rannte, im gestreckten Lauf stürmte ich den Bürgersteig entlang, schrie mir die gepeinigte Seele aus dem Leib, während ich das Verhängnis nah und näher kommen sah. Noch war sie unter dem Vordach, aber nur noch wenige Schritte und sie würde mein Werk dem Regen aussetzen! O mein Gott, noch heute gefriert mir das Blut in den Adern, wenn ich an die Verheerungen denke, die selbst schon wenige Tropfen Regen bei meiner Coiffure à la bombe angerichtet hätten. Laut und lauter brüllte ich, doch sie schien nichts zu verstehen. Kurz blieb sie stehen und sah mit befremdetem Blick in meine Richtung, doch dann setzte sie sich wieder in Bewegung, näherte sich Schritt um Schritt dem Ende des schützenden Vordaches und somit dem Verhängnis.

Nur noch ein Meter und es würde geschehen. Meine Muskeln kreischten, mein Atem pfiff wie ein ganzer Lokomotivenchor, aber ich lief und mobilisierte gar noch die allerletzten Kraftreserven. Dann, ich war noch gut vier Meter von ihr entfernt, setzte ich zum Hechtsprung an. Ich flog, schoss rettend meinem Werk entgegen, und gerade als die Barbarin es dem grausen Walten der Natur aussetzen wollte, prallte ich gegen sie und schleuderte sie unter das Dach zurück. Es war geschafft!

Noch völlig außer Atem inspizierte ich mein Kunstwerk. Wohl war es an einer Stelle leicht eingedrückt, dort, wo die Frau mit dem Kopf gegen eine neben dem Restauranteingang stehende Mülltonne gestoßen war. Aber das war nicht weiter schlimm, geradezu unbedeutend verglichen mit den Verwüstungen, die entstanden wären, hätte man die Frisur dem Regen ausgesetzt. Ich holte sogleich meinen Kamm aus der Jackentasche und richtete den Schaden. Nach wenigen Minuten sah mein Werk wieder aus wie neu.

Gerade wollte ich der Frau mit Zornesfalten auf der Stirn ihr verantwortungsloses, ja, geradezu kriminelles Verhalten vorwerfen, da kamen einige Burschen aus dem Restaurant gestürmt, denen nur zu offensichtlich jeder Kunstsinn abging und die die Situation daher auch gründlich missverstanden. Recht unsanft packte man mich am Kragen und entfernte mich von meinem Kunstwerk, drohte mir gar noch mit der Polizei, sollte ich die *Dame* nochmals belästigen. Fast hätte ich laut aufgelacht, als ich hörte, dass man diese Kunstbanausin als Dame bezeichnete. Aber immerhin nahmen die Burschen sie mit ins Restaurant, sodass mein Werk jetzt wenigstens im Trockenen war.

Ich begab mich nun nach Hause, zunächst erleichtert darüber, dass ich die Katastrophe im letzten Augenblick noch hatte abwenden können. Doch zu Hause befielen mich bald neue Befürchtungen und Zweifel. Offensichtlich hatte die Frau nicht die geringste Vorstellung davon, welchen Schatz sie da auf ihrem unwürdigen Kopf trug. Was würde sie als Nächstes damit anstellen? Würde sie womöglich …? Ach, die grauenvollsten Bilder tauchten nun vor meinem geistigen Augen auf, eins erschütternder als das andere. Es ging bereits auf Mitternacht zu, als sich mir plötzlich die schrecklichste aller Vorstellungen aufdrängte. Was würde sie in der Nacht machen? Würde sie womöglich einfach so zu Bett gehen, ohne mein

Werk durch eine entsprechende Haube zu schützen? Würde sie dies kunstvoll geflochtene Herz auf einem Kopfkissen wälzen, bis es morgen früh aussähe wie ein geplündertes Krähennest? Mein Herz begann zu rasen. Mir schwindelte. Bei allen Heiligen, dieser Frau war alles zuzutrauen. Ich lief in mein Badezimmer und holte eine Haarschutzhaube, dann eilte ich aus dem Haus.

Doch wo sollte ich sie finden? Ich kannte ihre Adresse nicht. Ich begab mich also zunächst zu dem Restaurant und brachte höflich aber bestimmt mein Anliegen zum Ausdruck. Die Philister dort zeigten sich über mein Erscheinen hingegen wenig erfreut und sogar noch weniger kooperativ. Doch die Zeit drängte, wie ich den Banausen klarzumachen versuchte, und als alles nicht fruchten wollte, zuckte ich kurzerhand mein Rasiermesser und versprach einem der Burschen eine Rasur der ganz besonderen Art, wenn er mir nicht sogleich weiterhelfe. Die blanke Schärfe nun wirkte weitaus überzeugender als meine Worte es getan hatten, und bald schon verfügte ich über die Adresse. Unverzüglich begab ich mich also zu ihrem Haus, das glücklicherweise nicht allzu weit vom Restaurant entfernt lag. Bald schon hatte ich mein Ziel erreicht und eilte zur Haustür, fand dort aber alles dunkel und verschlossen vor. Ich ging um das Haus, und hinten im Garten entdeckte ich auf dem Rasen einen Lichtschimmer. Also begab ich mich in den Garten, und zum zweiten Mal an diesem Tag erblickte ich das Verhängnis, wie es sich in Riesenschritten näherte. Ich stand direkt vor dem Schlafzimmerfenster und sah, wie die

Unselige auf dem Bett saß – natürlich ohne jede Art von Schutz! – und gerade im Begriff stand, sich niederzulegen.

Ich schrie und hämmerte mit den Fäusten an die Scheibe. Sie schrie ebenfalls, aber wie schon vor dem Restaurant war ihr in keiner Weise klar, welche Barbarei sie gerade begehen wollte.

Ich hämmerte wie von Sinnen, schrie und brüllte, aber sie verstand nichts. Absolut nichts! O ihr Götter, warum musstet ihr uns Männer mit den Weibern strafen?! Ich blickte mich um und entdeckte eine Zwergfigur aus Stein. Ich nahm sie und schlug damit das Fenster ein. Im nächsten Augenblick war ich im Zimmer und zerrte sie aus dem Bett.

»Du Ausgeburt an Ignoranz und Philistertum!«, schrie ich sie an. »Wie kannst du es wagen, dich mit meinem ungeschützten Kunstwerk in einem Bett zu wälzen wie eine Sau im Schlamm?«

Ich stand schon im Begriff, handgreiflich zu werden, besann mich dann aber doch und setzte ihr vorsichtig die Schutzhaube auf. Langsam und in aller Ausführlichkeit erklärte ich ihr den Grund für diese Maßnahme, bis ich sicher sein konnte, dass selbst sie es verstanden hatte. Außerdem gab ich ihr noch zahlreiche Anweisungen, was sie künftig tunlichst zu vermeiden habe. In ihrem Blick las ich ein deutliches Befremden, doch schien sie das Wesentliche kapiert zu haben und auch bereit zu sein, entsprechend zu handeln.

Nachdem ich mir die Haube hatte bezahlen lassen, begab ich mich nach Hause und legte mich mit halbwegs ruhigem Herzen ins Bett.

Am nächsten Tag erschienen zwei Polizisten in unserem Geschäft und überreichten mir mit feierlicher Miene eine richterliche Verfügung, die es mir untersagte, mich Frau S., so hieß die Banausin, auf weniger als fünfzig Meter zu nähern. Gleichzeitig präsentierte man mir eine Rechnung über die Instandsetzung einer Fensterscheibe. Ich empfand diese Maßnahme als reichlich übertrieben, unterließ es aber, mich mit den beiden Uniformträgern auf irgendwelche Diskussionen einzulassen. Es ist ja hinlänglich bekannt, dass man von dieser Seite kein Verständnis für die Belange eines Künstlers erwarten darf.

Wie Sie sich bereits denken werden, hat mich diese diskriminierende Verordnung nicht davon abgehalten, mein Werk im Auge zu behalten. Ich besorgte mir einen Feldstecher und beobachtete ihr Haus, hielt dabei aber, nur des Spaßes wegen!, stets die geforderten fünfzig Meter Abstand zwischen mir und der Frau ein. Ich schlich beständig um das Haus, betrachtete sie bald durch das Küchenfenster, bald durch das Wohnzimmerfenster. Mit wachsendem Grauen musste ich ansehen, wie sie mein ungeschütztes Werk den Ausdünstungen der Kochtöpfe aussetzte, wie sie sich an den Kamin, nein, fast *in* den Kamin setzte und so in Kauf nahm, dass ihr Haar und somit meine Komposition austrocknete, bis es schließlich aussehen würde wie ein Strohhaufen im Hochsommer!

O welche Qualen durchlitt ich in jenen endlosen Stunden, die ich dort zwischen kratzendem Gebüsch und in einer verwaisten Hundehütte zubringen musste! Und hinzu kam die Qual der Ungewissheit, denn unglücklicherweise hatte ich ihr Zubettgehen verpasst und konnte durch das – inzwischen reparierte – Fenster nicht erkennen, ob sie die Schutzhaube trug oder nicht.

In trübseligster Stimmung schlich ich nach Hause, wälzte mich für Stunden ruhelos im Bett umher, bevor ich alle Hoffnung auf Schlaf fahren ließ und in meiner Wohnung von Zimmer zu Zimmer marschierte. Auf der Arbeit am nächsten Tag ging es mir nicht besser, und am Abend dann war mir klar, dass es nur eine Lösung für mein Dilemma gebe.

Ich wartete bis Mitternacht, dann packte ich meine Sachen zusammen und begab mich zu ihrem Haus. Das Licht war bereits überall erloschen und nur der Mond leuchtete mir, als ich zum Garten schlich. Der Zwerg stand noch an derselben Stelle wie zwei Nächte zuvor. Ich hob ihn auf und Augenblicke später nur lag das Fenster erneut in Scherben und befand ich mich zum zweiten Mal am Bett der Kunstbanausin. Sie schrie auf, verwechselte mich wahrscheinlich mit einem Einbrecher – und natürlich trug sie wieder keine Schutzhaube! Ich gab mich also zu erkennen und klärte sie auf, dass nicht schnöde Raublust, sondern einzig die Liebe zur Kunst mich in ihr Haus getrieben habe. Sodann setzte ich ihr mein Anliegen auseinander. Ob sie dessen tieferen Sinn wirklich erfasst habe, das wage ich in Zweifel zu ziehen. Ich konnte mich aber nicht auf weitere Ausführungen einlassen und machte mich ans Werk. Bedauerlicherweise fand ich den Lichtschalter nicht, sodass mir der Mondschein als Lichtquelle genügen musste. Zunächst einmal hatte ich die Frau ruhig zu stellen, damit sie nicht noch mehr Unheil an meinem Kunstwerk anrichte, als sie es ohnehin schon getan hatte. Ich wälzte sie daher auf den Bauch und kniete mich dann auf ihren Rücken. Da veranstaltete sie plötzlich den tollsten Spektakel, sodass ich mich gezwungen sah, ihr eine meiner Socken in den Mund zu stecken, denn kein Künstler kann bei Lärm arbeiten. Doch tragen Sie bitte keine unnötigen Sorgen wegen der Socke. Als Künstler von Rang parfümiere ich selbstredend all meine Kleidungsstücke ständig mit Mimose. Ich holte nun mein Rasiermesser hervor und begann mit einem Einschnitt an der Stirn etwa fünf Zentimeter unterhalb des Haaransatzes. Die Arbeit war mühsam und erforderte höchste Konzentration, denn keinesfalls durfte etwas von dem ganz besonderen Saft auf mein Kunstwerk tropfen. Zentimeter um Zentimeter arbeitete ich mich also vor, und ich wünschte, Sie könnten sich eine Vorstellung von den Schwierigkeiten machen, mit denen ich zu kämpfen hatte. Zum einem zeigte die Frau keinerlei Verständnis für meine Arbeit und hielt auch nicht eine Sekunde still, sodass ich ihren Kopf die ganze Zeit mit der linken Hand ins Kopfkissen drücken musste, während ich mit der rechten schnitt. Und dann war ich auch noch auf den Mond als einzige Lichtquelle angewiesen, der zu allem Überfluss auch noch meinte, sich alle paar Minuten hinter einer Wolke verstecken zu müssen!

Doch dann war es vollbracht. Ich löste vorsichtig, ganz, gaaanz vorsichtig die Kopfhaut mit meinem Schatz ab, und endlich, endlich hielt ich ihn in zitternden Händen. Sogleich spürte ich, wie alles Bangen, alle Qualen der vergangenen Tage von mir abfielen, und welche Wonneschauer durchströmten mich, als mein Werk die gähnende Leere in meinem Inneren füllte und endlich wieder seinen Platz in der väterlichen Brust einnahm! Und wieder rannen Tränen über meine Wangen, doch waren sie nun nicht glühend und schmerzerfüllt, sondern wie die Tränen des Phoenix heilten sie die Wunden, die die Trennung von meinem Schatz in meine Seele gerissen hatte. Und auch die Frau schien nun zu ahnen, welche Kostbarkeit sie besessen und – nicht zuletzt durch eigenes Verschulden – wieder eingebüßt hatte, denn sie schluchzte nun geradezu herzzerreißend. War sie womöglich doch nicht die unheilbare Barbarin, für die ich sie gehalten hatte? Ich war gerührt und versprach ihr einen Gutschein für eine Perücke.

Doch musste ich nun mein Werk bei Licht besehen, um zu überprüfen, ob nicht doch irgendein Blutfleck oder sonst etwas es verunreinigt habe. Ich ging also hinaus auf den Flur und schaltete das Licht ein.

Es dauerte eine ganze Weile, bis das, was ich sah, zu meinem Bewusstsein vorgedrungen war. Doch schon davor, noch bevor irgendeine rationale Denktätigkeit einsetzte, verriet das Aussetzen meines Herzschlages mir, dass etwas Grauenvolles geschehen sein musste. Dann erfasste ich es und spürte gleichzeitig, wie eine ganze Welt um mich herum in Trümmern versank.

Grün. Ein helles, ein kreischendes Grün, das selbst ein Frosch nicht ohne Magenkrämpfe ertragen würde! Hatte diese Barbarin doch tatsächlich zwei lange Strähnen links und rechts vom Herzen grün gefärbt! Endlich brach es aus mir heraus. Ich fluchte, ich brüllte, ich schrie! Rasend vor Zorn schleuderte ich den Fetzen durch den Flur, ergriff irgendetwas – ich glaube, es war ein Kerzenhalter – und rannte ins Schlafzimmer zurück. Mit aller Gewalt schlug ich auf den Satansbraten ein. Schlug und brüllte, brüllte und schlug, bis ich irgendwann völlig entkräftet zusammenbrach und bewusstlos auf dem Boden neben dem Bett aufschlug.

Als ich wieder erwachte, war der Mond längst verschwunden und die ersten Boten der Morgendämmerung schimmerten bereits verstohlen über die Dächer der benachbarten Häuser. Ich erhob mich und stieg durch das zerbrochene Fenster in den Garten, ohne einen einzigen Blick zurückzuwerfen. Wie betäubt wankte ich durch die Straßen auf meine Wohnung zu, erfüllt einzig von der vagen Ahnung, dass weit mehr an jener Stätte der Barbarei zurückgeblieben war als ein zerstörtes Kunstwerk. Gerade schritt ich in den Schatten, den, von einer Straßenlaterne beschienen, die mächtigen Äste einer Eiche auf den Wegesrand warfen, als ich aus weiter Ferne den göttlichen Edgar Allan Poe einzig für mich rezitieren hörte:

And my soul from out that shadow
That lies floating on the floor
        Shall be lifted – nevermore!

***

Sonntagmorgen in N.

Kaum jemals wird ein wahrhaft Gläubiger, zumindest in unserem Landstrich nicht, Gottes Allmacht in solch eindringlicher Weise empfinden, wie wenn er durch das Haupttor die Sankt-Bernhard-Kirche zu N. betritt, an der Empore zu seiner Linken vorbeischreitet und sich nun vor ihm die beiden Seitenschiffe und das Mittelschiff in all ihrer Pracht entfalten. Was genau für diese Empfindung verantwortlich schreibt, diese Frage wird schon so manch einen beschäftigt haben, der ehrfurchtsvoll die Schwelle zu diesen heiligen Hallen überschritten hat. Vielleicht wird er an die beiden aus jeweils sieben Säulen bestehenden Reihen gedacht haben, die die beiden Seitenschiffe von dem Mittelschiff trennen und, oben durch Architrave verbunden, die Hauptstützen für die Kuppel darstellen, die sich wie das Himmelsfirmament über die Gläubigen ausbreitet. Und wiewohl die Säulen mit ihrer Höhe von gut zehn Metern durchaus zu imponieren wissen, erwecken sie im Gesamtbild doch vielmehr den Eindruck der Eleganz als den des Kolossalen, wie es so oft bei antiken Bauten zu beobachten ist. Ebenso verhält es sich mit der Kuppel, die in der Breite gut zwanzig Meter misst, und der doch recht beachtlichen Ausdehnung des Mittelschiffes von der Empore beim Eingang bis zum Altar. Für sich genommen scheint keiner dieser Gesichtspunkte in der Lage, den doch ohne jeden Zweifel vorhandenen Eindruck hervorzurufen, dass an diesem Orte keine andere als eben die höchste aller

Gottheiten verehrt werden könne, und wenn man sich schon unbedingt um eine Erklärung bemühen will, so wird man diese am ehesten in einem mysteriösen Zusammenspiel aller Faktoren suchen müssen, das vermutlich nicht einmal das Genie des Architekten durchschaut, sondern höchstens erahnt hat.

Von all dem Zauber hingegen bemerkten die Gläubigen, die wie jeden Sonntag auch den letzten Platz sowohl im Mittelschiff als auch auf der Empore in Beschlag genommen hatten, nichts, denn sie hatten die Augen geschlossen und sprachen in stiller Andacht das den Gottesdienst abschließende Dankgebet. Und wie jeden Sonntag nahm der Bürgermeister Dr. Alfons Weselius den einzig ihm gebührenden Platz ganz rechts in der ersten Bank der linken Bankreihe ein und bewegte stumm die Lippen, während er dem Heiland dankte, dass er durch seinen Tod all unsere Sünden auf sich genommen habe. Und wie jeden Sonntag wird er sich gefragt haben, von welcher Art diese Sünden wohl gewesen seien, dass nur der Tod des Heilands sie zu sühnen vermochte. Und wie jeden Sonntag wird er diese Frage mit einem leichten Schaudern abgeschüttelt haben. Hin und wieder schnaufte er auf und wischte sich mit einem Taschentuch feine Schweißperlen von der Stirn, was jedoch nichts mit der Passion Christi zu tun hatte, sondern allein auf die sommerliche Hitze zurückzuführen war, die der massigen Gestalt des Bürgermeisters nicht nur beim Gebet zu schaffen machte.

Links von ihm saß seine Frau Elfriede und links von dieser wiederum sah man Gymnasialprofessor Ludwig Augstein, den Zylinder auf den Oberschenkeln, die Augen geschlossen und auch er die Danksagung an den Herrn murmelnd. Schnaufgeräusche waren von ihm nicht zu hören, denn verglichen mit dem Bürgermeister wirkte der Professor geradezu athletisch und war dementsprechend längst nicht so anfällig für die Hitze, die, das müssen wir dem Bürgermeister zugestehen, an diesem Vormittag selbst für den Monat Juli extrem war. Neben Augstein saßen der Stadtrat-Abgeordnete Egidius Lieberknecht und seine Frau, daneben Dr. Julius Eisenbraun, der Hausarzt des Bürgermeisters, auch er in Begleitung seiner Gemahlin, und ganz links schließlich, wie stets in einer um die Taille herum zu eng geschnittenen Anzugsjacke, Gustave Dubois, erster Hundecoiffeur der Stadt und persönlicher Berater der Ehefrau des Stadtrat-Abgeordneten Lieberknecht. Wie des Bürgermeisters so war auch Gustaves Antlitz leicht gerötet, doch hatte diese Farbgebung in seinem Fall nichts mit der Hitze zu tun, sondern war einzig durch das karmesinrote Mosaik im Seitenfenster bedingt, durch das die Sonne direkt auf sein Gesicht fiel. Wiederholt während der Predigt hatte der Blick von Pastor Johannes Biberstein auf dem Hundecoiffeur geruht, doch ließ sich nicht entscheiden, ob dies durch dessen ausnehmende Attraktivität bedingt gewesen war oder ob aber das Farbenspiel auf dessen Antlitz den Geistlichen an jemanden gemahnt hatte, dessen Anwesenheit der Gläubige zumal beim Gottesdienst als doch eher störend zu empfinden pflegt. Nun jedenfalls waren auch die Augen von Pastor Biberstein geschlossen und sprachen seine Lippen stumm das Dankgebet. Und wenn er sich in diesem Punkte auch niemandem anvertraute, so zeugten seine Haltung, der Friede, der sich in seinen Zügen spiegelte, nur zu beredt davon, wie er diese letzten Augenblicke des Gottesdienstes genossen haben musste, da er sich in tiefster Andacht mit seiner Gemeinde und mit Gott vereint wusste. Nicht der Pastor Biberstein aus Fleisch und Blut schien er nun mehr zu sein, der seinen Schäflein bei den großen und den kleinen Widrigkeiten des Lebens zur Seite stand, sondern ein Geistwesen vielmehr, das eher in der jenseitigen Sphäre daheim zu sein schien als in der diesseitigen. Ja, er kostete diese Augenblicke bis zum Letzten aus, schien aus ihnen allein die spirituelle Kraft schöpfen zu können, die er für sein Amt benötigte. Und noch immer hielt er die Hände gefaltet, bewegten sich seine Lippen im stummen Gebet, und nicht der leiseste Laut durchbrach das andächtige Schweigen in dem Gotteshaus.

Etliche Lippen standen nun still. Auch der Bürgermeister hatte inzwischen sein Dankgebet beendet. Sein linkes Augenlid begann zu zucken. Kaum merklich zunächst, dann stärker werdend, bis es sich schließlich öffnete und den Blick auf den Geistlichen freigab. Doch dessen Lippen formten noch immer die Worte zum Preise des Herrn, und so schloss sich das bürgermeisterliche Auge wieder. Irgendwo auf der rechten Seite hörte man das Scharren eines Schuhs, und wir sollten gleich an dieser Stelle unmissverständlich festhalten, dass dieses ungebührliche, um nicht zu sagen: dieses barbarische Benehmen ausschließlich in den mittleren und hinteren Bankreihen zu vernehmen war, wo sich die untere Angestellten- oder gar Arbeiterschicht zu tummeln pflegte. Wie oft schon sah man den Bürgermeister feurige Blicke nach hinten schleudern, wann immer dieses Geräusch die Andacht störte, und in der Tat ist diese Unsitte des Scharrens mit den Füßen gleich in zweifacher Hinsicht zu tadeln. Zum einen zeigt es doch nur zu deutlich, dass die Andachtsübungen der Betreffenden bestenfalls nachlässig betrieben werden, und weiterhin stören sie auch noch diejenigen, die wirklich die Nähe des Herrn in der Kontemplation suchen.

Heute aber schien der Bürgermeister das Scharren überhört zu haben. Denn keine Miene regte sich auf seinem Gesicht und noch immer waren seine Augen geschlossen. Auch das Hüsteln, natürlich wieder aus einer der hinteren Reihen, entging seiner Aufmerksamkeit. Gustave Dubois, die Augen noch geschlossen, zwirbelte versonnen die linke Spitze seines Oberlippenbartes. Pastor Biberstein hingegen bemerkte von alledem nichts. Noch immer waren die Hände gefaltet, noch immer weilte sein Geist in andächtiger Zwiesprache mit Gott, bewegten seine Lippen sich zum heiligen Takt des Gebetes. Ein erneutes Hüsteln. Der Stadtrat-Abgeordnete Lieberknecht räusperte sich dezent. Auf der linken Seite vernahm man nun immer häufiger das Scharren von Schuhwerk, nun auch aus den mittleren Bankreihen. Erneut schob sich das linke Lid des Bürgermeisters hoch, Gymnasialprofessor Augstein schielte gar beidäugig zum Gottesmann, während sich die Frau des Stadtrat-Abgeordneten mit der Hand Luft zufächelte. Und da nun, als das Lid des Bürgermeisters sich zum dritten Mal hob, da standen die Lippen des Pastors mit einem Male still. Einen Augenblick nur stockte der Atem des Bürgermeisters, dann schloss sich sein Auge wieder, und deutlich hörbar zog er die stickige Luft durch die Nase ein. Doch einen kurzen Moment nur verweilte er so, dann öffnete sich sein Auge erneut und er sah, wie sich der Mund des Geistlichen ein weiteres Mal öffnete. Er atmete tief durch. Der Mund des Pastors schloss sich wieder. Ebenso das Auge des Bürgermeisters. Eine Art Seufzer entrang sich seiner Brust, das man als Ausdruck von Ekstase hätte deuten können.

»Im Namen des Vaters, des Sohnes und des heiligen Geistes segne ich euch«, sprach Pastor Biberstein hier nun. »Gehet also in Frieden.«

Und wie es seinem Rang und seiner Würde entsprach, war Bürgermeister Dr. Alfons Weselius der Erste, der reagierte. Mit einem Schnaufen, das geradezu zu einem Kriegsgebrüll anschwellen wollte, sprang er von seinem Platz, war schon auf dem Gang, der zwischen den beiden Bankreihen hindurchführte, hatte seine 130 Kilogramm Kampfgewicht unter Stöhnen und unter Japsen bereits in Bewegung gesetzt und war schon auf dem besten Wege, diese nun zu beschleunigen. Jeder der mit den Grundzügen der Physik vertraut ist, weiß um die Problematik, die mit dem

Unterfangen verbunden ist, eine Körpermasse wie die des Bürgermeisters zu beschleunigen, weiß aber auch, dass es nahezu unmöglich ist, diese – mit fairen Mitteln – wieder zum Stehen zu bringen, wenn sie einmal beschleunigt ist. Und so mag Dr. Alfons Weselius nun, da er den noch leeren Gang vor sich erblickte, bereits den Sieg vor Augen gehabt haben, denn auch wenn es, wie zu erwarten stand, gleich von rechts und von links auf den Gang strömte, so würde er doch problemlos alles niederwalzen, was sich ihm irgend in den Weg stellte, war er erst einmal auf seine Kampfgeschwindigkeit beschleunigt. Doch so weit, man ahnt es bereits, sollte es nicht kommen, denn kaum hatte er die vierte Bankreihe erreicht, da fuhr ihm der Gehstock von Dr. Heribert Stalzheim, seinem Vorgänger im Amt des Bürgermeisters, zwischen die Beine und er stürzte mit einem Grunzlaut zu Boden, der gewiss nicht unerheblichen Schaden davongetragen hätte, wäre er nicht aus besten Marmorplatten zusammengesetzt gewesen. Stalzheim aber stieß ein meckerndes Lachen aus und sprang nun seinerseits auf und humpelte so schnell, wie die morschen Knochen ihn denn noch tragen wollten, auf den Ausgang zu, nahm sich dabei aber doch noch die Zeit, seinem gestürzten Vorgänger die Spitze seines Gehstockes zwischen die Gesäßbacken zu rammen.

Wie unschwer nachzuvollziehen, sind die Gläubigen aus den vorderen Reihen gegenüber denen aus den hinteren arg im Nachteil, wenn es darum geht, als Erste den Ausgang zu erreichen. Das hatte auch Gustave Dubois erkannt, der, wir erinnern uns, ganz außen links in der ersten Reihe saß. Es musste ihm völlig klar gewesen sein, dass es ein hoffnungsloses Unterfangen gewesen wäre, sich durch die Bankreihe irgendwie nach rechts zum Mittelgang durchzukämpfen. Schneller wäre es natürlich gegangen, wenn er außen um die Bank herumgelaufen wäre, doch war es abzusehen, dass er dann auf dem Mittelgang in das ärgste Gedränge geraten wäre, denn genau dorthin strömte jetzt ja tatsächlich alles, nachdem der Bürgermeister es auf solch unnachahmliche Weise vorgemacht hatte. Dubois also hatte entschieden, die genau entgegengesetzte Richtung einzuschlagen und zunächst an den Säulen vorbei ins linke Seitenschiff zu laufen. Dort würde er dann freie Bahn bis zur Empore haben, denn die Gläubigen, die nach links aus den Bankreihen traten, benutzten für gewöhnlich den Gang vor der Säulenreihe, nicht das Seitenschiff. Dubois wog kaum halb so viel wie der Bürgermeister und war zudem gut im Training, da er beständig seinen vierbeinigen Kunden, von denen einige seine kunstvollen Dauerwellen nur in Maßen zu schätzen wussten, hinterherhetzen musste. Er beschleunigte also wie ein Windhund, hatte im gestreckten Lauf die Hälfte des Seitenschiffes schon hinter sich gelassen, als von links hinter einer Säule hervor ein kräftiger Bursche gestürzt kam und ihm im vollen Schwange in die Seite fuhr! Ach, wie müssen unserem armen Haarpoeten da die Sterne vor den Augen getanzt haben, als er quer durch das Seitenschiff geschleudert wurde und auf dem Bauch liegend keine zwei Meter von der Außenwand entfernt schließlich zur Ruhe kam. Der Bursche aber, der in etwa über die Masse des Bürgermeisters verfügte, die bei ihm jedoch weitaus gleichmäßiger verteilt war, schien von dem Zusammenstoß kaum etwas bemerkt zu haben und stürzte nun auf die Empore zu.

Der klügste und findigste Kopf in der ersten Bankreihe war ohne jeden Zweifel Dr. Julius Eisenbraun, und wenn es noch eines Beweises seiner Originalität und Schöpferkraft bedurft hätte, so wurde dieser eindrucksvoll an diesem Vormittag erbracht. Als Mediziner mit einem Hang zur spekulativen Philosophie war ihm natürlich bekannt, dass der kürzeste Weg zwischen zwei Punkten stets durch eine Gerade beschrieben wird. Wenn er also, der er sich fast am linken Ende der vordersten Bankreihe befand, den kürzesten Weg zum Ausgang nehmen wollte, so musste dieser ihn unweigerlich quer über die hinter ihm liegenden Bankreihen führen. Kurz nur schaute er seinem Sitznachbarn Dubois hinterher, wie dieser hinter der vorderen Säule verschwand, dann erhob er sich und setzte den linken Fuß auf die Rückenlehne der Bank, schwenkte hierbei einige Male mit dem Oberkörper vor und zurück, um zu prüfen, ob die Bank unter seinem Gewicht nicht umfallen würde, wenn er sich auf deren Rückenlehne stellte. Doch solange zumindest noch einige Gläubige auf der Bank saßen, bestand in dieser Hinsicht kaum Gefahr. Der Doktor nickte, dann schwang er sich empor auf die Rückenlehne, überblickte nun für kurze Augenblicke wie ein Feldherr von seinem Feldherrenhügel aus das Schlachtgetümmel, dann sprang er zur Rückenlehne der zweiten Bank. Für einen Moment ruderte er wild mit den Armen und fast schien es, als verlöre er das Gleichgewicht, doch dann fing er sich wieder, nahm Schwung und hüpfte zur nächsten Bank, geriet hier allerdings bedenklich ins Straucheln, da er mit dem rechten Fuß gegen das Kinn der Apothekerfrau geschlagen war, die daraufhin besinnungslos ihrem Mann in die Arme sank. Doch auch diese Krise ward überwunden und er setzte zum nächsten Sprung an. Hier aber geschah, was auch er wohl die ganze Zeit schon befürchtet hatte. Von keinem Menschenleib war die Bank, auf deren Rückenlehne er nun aufsetzte, mehr beschwert, und als Mann, der im Geiste des Skeptizismus erzogen war, wird das nun folgende Ergebnis kaum sein Erstauen hervorgerufen haben. Mit lautem Gepolter fiel die Bank um und krachte dabei an so manches Schienbein derer, die das Unglück nicht rechtzeitig hatten kommen sehen. Der arme Doktor schlug recht unsanft mit dem Bauch auf der Rückenlehne der nächsten Bank auf, doch hielt sich das Mitgefühl bei seinen Glaubensgefährten, die sich nun mit Schmerzgeheul die Schienbeine hielten, in engen Grenzen. Von allen Seiten hagelte es nun Püffe und Tritte und bald schon befand er sich in einem ähnlich erbarmungswürdigen Zustand wie sein ehemaliger Sitznachbar.

Den schwersten Stand aber hatten zweifelsohne die Handwerksleut, die Rang und Herkunft auf die Empore verbannt hatten. Nur eine einzige Wendeltreppe führte von dort hinab, die zudem so schmal war, dass sie regelmäßig beim ersten Ansturm schon so hoffnungslos verstopft wurde, dass es kein Vor und kein Zurück mehr gab. Und so war es auch heute. Der Metzgermeister Breitschlag, der an Statur gar den Bürgermeister noch in den Schatten stellte, hatte den Eingang zur Treppe als Erster erreicht, geriet nach wenigen Stufen aber schon ins Stolpern und stürzte so unglücklich, dass sich sein rechtes Bein im Gitter des Geländers verfing und er hoffnungslos stecken blieb. Über den massigen Leib hinwegzuspringen, wäre selbst für Hochleistungssportler ein höchst gewagtes Unternehmen gewesen, und so drängte sich nun Leib an Leib, verknäulte sich zu einer undefinierbaren Masse, die sich an das Gitter des Geländers quetschte wie die Leberwurst an die Pelle.

Weit vorausschauender zeigte sich nun ein junger Mann, der sich ein Seil mitgenommen hatte, das er jetzt, während es an der Wendeltreppe vor Atemnot und Platzangst schrie und japste, in Windeseile an dem Brüstungsgeländer der Empore befestigte und dann herabließ. Bei dem jungen Mann handelte es sich übrigens um den Bäckergesellen Alois Friedscheid, den jüngeren Bruder des Burschen, der unseren Hundecoiffeur so unsanft aus der Bahn geworfen hatte. Gerade schwang er das Bein über das Geländer, als sich zeigte, dass sich auch zwei andere Burschen mit dieser Idee getragen hatten, die nun ihrerseits mit einigem Geschick ihr Seilwerk verknoteten. Als die ersten drei sich bereits herabließen, befestigte gar noch der Sohn des Metzgers ein Seil an dem

Geländer. Vor langer Zeit schon war dieser zu der Einsicht gelangt, dass die Widrigkeiten des Lebens am besten sich meistern ließen, wenn man in allem dem Vater nacheifere. Und so brachte er mit seinen gerade einmal 17 Lenzen bereits über 100 Kilogramm auf die Waage, die nun ohne jedes Erbarmen an dem hölzernen Geländer zerrten. Wohl rief ihm der Bäckergeselle zu, er solle wieder zurückklettern, da das Geländer ihrer aller vier Gewichte nicht halten werde, doch entweder hörte er die Warnung in dem Tumulte nicht oder aber hielt sie für eine Finte. Und so kam es, dass das Geländer bald knarrte, bald ächzte, ein letztes Mal aufstöhnte, um sich schließlich seinem Schicksal zu ergeben. Krachend brachen die Stützpfeiler entzwei und Augenblicke später schon schlugen die vier Leiber auf den harten Marmorfliesen auf. Besonders arg erwischte es den Metzgerburschen, der nicht nur reichlich schmerzhaft auf seinem Hinterteil gelandet war, sondern gleich darauf auch noch recht unfein von einem der Stützpfeiler am Kopf getroffen wurde.

Am Ausgangstor hatte sich inzwischen ein Problem ganz anderer Natur ergeben. Als Erster hatte dieses der Schneider Heringsbiss erreicht, der bereits hochgesprungen war, kurz nachdem die elefantenähnliche Gestalt des Bürgermeisters auf dem Gang zwischen den Bankreihen erschienen war. Bedauerlicherweise jedoch war sein Vorsprung vor den Verfolgern nicht so groß gewesen, dass er noch die Zeit gefunden hätte, das nach innen öffnende Tor aufzureißen. Gerade einmal, dass er es geschafft hatte, die Klinke hinunterzudrücken, da prallte auch schon der Schreiner Kufeisen, der offensichtlich den eigenen Schwung unterschätzt hatte, gegen ihn und presste den Stöhnenden an das Tor. Es folgte nun Mann auf Mann und bald schon drückte das erste Dutzend mit Gebrüll und Schweiß gegen das Tor, was den zuvorderst Stehenden wohl den Atem aus dem Lungen presste, das Tor hingegen, das, wie gesagt, nach innen öffnete, nur umso fester verschloss.

Doch was den Einen zum Verdruss, das gereichte den anderen zum Vorteil. Hatte der Bürgermeister durch das nicht ganz sportliche Benehmen seines Amtsvorgängers auch kostbare Zeit verloren, so hatte er nun, da sich alles vor dem Tore drängte, ausreichend Gelegenheit, diese wieder gutzumachen. Zunächst prustete und schnaufte er wie ein Stier, nachdem er sich mit einiger Mühe wieder in die Senkrechte gebracht hatte, dann aber gab´s kein Halten mehr. Mit vorgestrecktem Kopf stürmte er los und fand gar noch Atem zu seinem gefürchteten Kriegsschrei, der bereits während seines Wahlkampfes für Angst und Schrecken im Lager der politischen Gegner gesorgt hatte.

Am Tor, gegen das inzwischen mehr als drei Dutzend Leiber drückten, spitzte sich die Lage nun allmählich zu. Die Frau des Optikers Entenbach fiel in Ohnmacht, nachdem der Polstermeister Grauspecht sie in den Schwitzkasten genommen hatte. Das arme Schneiderlein glich inzwischen einer Tomate mit Froschaugen und schien ebenfalls einer Ohnmacht nahe. Der Stadtrat-Abgeordnete Lieberknecht biss vor Ungeduld

Doktor Eisenbrauns Gemahlin ins rechte Ohr, während das Tor unter der Last der hereinbrechenden Leibesflut bedenklich zu ächzen und zu stöhnen begann.

Gustave Dubois, den es, wie erinnern uns, während seines Sturmlaufes zur Empore auf solch unzeremoniöse Weise von den Beinen geholt hatte, wirkte wohl noch etwas benommen, schien das Schlimmste aber nun überstanden zu haben. Er hatte wohl erkannt, dass es wenig Sinn machen würde, nun ebenfalls gegen das Tor zu stürmen. Also wartete er in dem Seitenschiff und hielt auch genügend Sicherheitsabstand zur Wendeltreppe, die noch immer hoffnungslos verstopft war und zu allem Überfluss auch noch jeden Augenblick aus der Verankerung zu brechen drohte. Weniger günstig dagegen sah es mit Dr. Eisenbraun aus, den der Sturz und die Prügel doch mehr mitgenommen zu haben schienen, als es zunächst den Anschein gehabt hatte. Noch immer hielt er sich stöhnend den Bauch und fand gerade genügend Kraft, den Kopf zu heben und zumindest aus der Ferne mitzuerleben, wie der Bürgermeister zu seinem Sturmlauf auf das Tor ansetzte.

Mühelos fegte sein Kriegsgebrüll die Schreie und das Stöhnen vor dem Tor hinweg, Unterkiefer klappten herab, Augen weiteten sich vor Entsetzen, als sie das Fleisch gewordene Schicksal auf sich zustürmen sahen. Einige konnten noch zur Seite springen, den meisten aber blieb einzig, ein kurzes Stoßgebet gen Himmel zu schicken, bevor die geballte Macht ihrer Oberhauptes auf sie einschlug. Ach, wie so manches Korsett wird nun zerrissen, wie so manche Blähung sich entladen haben, am ärgsten jedoch traf es das Tor, das jeden Gedanken an Widerstand nun fahren ließ und krachend aus den Angeln brach. Und während die Vordersten nun fröhlich die zum Kirchvorplatz führenden Stufen hinabpurzelten, erkannten die Hinteren sogleich den Vorteil, der sich ihnen aus der veränderten Lage bot. Schlug vorne auch alles wild durcheinander, so befand man sich hinten doch noch in halbwegs unversehrtem Zustand, sofern einen nicht gerade die Wut des bürgermeisterlichen Aufpralls zu Boden geschmettert hatte. Sogleich also stürmte es von hinten mit Gebrüll los, während man sich vorne noch auf dem Pflaster wälzte und verzweifelt zu verhindern suchte, von seinem Nachbarn überrollt zu werden. Fluchend und schimpfend über oder auf Menschenleibern schreitend bahnte man sich den Weg nach draußen. Wohl etwas zu ungestüm preschte der Stadtrat-Abgeordnete Lieberknecht vor, der an der untersten Stufe ins Straucheln geriet, aus dem Tritt kam und kopfüber in eine Frau, wohl eine Touristin, rammte und diese mit vollem Schwunge von den Füßen holte. Und als wenn die bedauernswerte Frau durch den plötzlichen Kopfstoß nicht schon genug auszustehen gehabt hätte, drückte ihr der Stadtrat-Abgeordnete bei dem Versuche, sich wieder zu erheben, auch noch das Knie auf die Brust, sodass ihr nun auch der letzte Atem, der ihr noch geblieben, entfloh. Ein glückliches Ende aber sollte auch das Bemühen Lieberknechts nicht finden, denn kaum stand er wieder auf den Beinen, da stieß der Bürgermeister von hinten gegen ihn, und er ging erneut zu Boden, und zwar wesentlich härter als zuvor.

Der Bürgermeister war nun in Führung, doch brauchte er sich nicht umzusehen, um zu wissen, dass die Verfolger ihm ganz dicht auf den Fersen waren. Und er wusste ebenfalls, dass er die Eroberung der Führung in erster Linie seiner Körpermasse zu danken hatte, dass es aber ausreichender bis guter Kondition bedurfte, um diese auch zu verteidigen. Und wie es um diese bestellt war, dass wusste niemand so gut wie er selber. Es galt also, mit den Kräften hauszuhalten.

Und während der Bürgermeister auf die direkt am Kirchvorplatz vorbeiführende Gertruden-Straße zustürmte, gelangte auch Gymnasialprofessor Augstein ins Freie. Er hatte sich bisher mehr im Hintergrund gehalten, hatte auf diese Weise wohl größere Kriegsschäden vermeiden können, lag dafür aber auch ganz erheblich hinter der Führungsgruppe zurück. Und da er keine bedeutenden Sprinterfähigkeiten ins Feld führen konnte, blieb ihm im Grunde gar keine andere Wahl, als zu versuchen, woran bisher noch jeder kläglich gescheitert war. Mit dem Mut des Verzweifelten also beschloss er, die Abkürzung durch den Park zu nehmen. Und hierzu nun sind einige Anmerkungen unerlässlich. Augsteins Ziel war ohne jeden Zweifel die Ludwig-Straße, die von der Gertruden-Straße links abging und direkt auf die Rüben-Allee führte. Der Stadtpark nun lag direkt neben der Kirche und war von dieser aus über einen kleinen Pfad ohne Probleme zu erreichen. Und in der Tat konnte man vom Park aus direkt zur Ludwig-Straße gelangen und würde auf diese Weise etliche Meter einsparen, als wenn man erst über den Kirchplatz zur Gertruden-Straße laufen müsste. Die Sache hatte jedoch einen Haken: Im Park lag ein See, den es zu überqueren galt, wollte man zur Ludwig-Straße kommen. Im Herbst und Frühjahr war ein solches Unterfangen aussichtslos, doch nun im Hochsommer war der See, der an einigen Stellen kaum mehr als vier oder fünf Meter maß, nahezu ausgetrocknet. Mit einigem Glück konnte man ihn also vermutlich überqueren. Augstein hetzte also den Pfad entlang auf den Park zu, schwang sich mit einigem Geschick über die diesen umgebende Hecke und war dann den Blicken entschwunden. Nur hin und wieder verrieten panisch davonfliegende Enten, wo sich der Gymnasialprofessor gerade befand.

Inzwischen hatte auch Dubois den Kirchvorplatz erreicht, auf dem sich nun lediglich der Stadtrat-Vorsitzende und die Frau, mit der dieser zusammengestoßen war, befanden oder – genauer gesagt – lagen. Die Frau war mittlerweile wieder halbwegs zu Atem gekommen und drosch nun wie von Sinnen mit ihrem Sonnenschirm auf Lieberknecht ein, der in seinem jetzigen Zustand kaum noch als ernstzunehmender Konkurrent gelten konnte. Die Führungsgruppe um den Bürgermeister hatte inzwischen die Gertruden-Straße überquert und stürmte nun an etlichen Geschäften vorbei auf die Rüben-Allee zu. Der Vorsprung war beträchtlich, aber Dubois wusste um seine Schnelligkeit und ließ sich nicht entmutigen. Ein letztes Mal zwirbelte er die Spitzen seines Schnauzbartes, kontrollierte noch, ob sein Hosenschlitz verschlossen war, dann schoss er los. Und beachtlich war seine Darbietung. In kürzester Zeit hatte er auf seine persönliche Höchstgeschwindigkeit beschleunigt und sogleich verstand man, warum es noch keinem Hund gelungen war, seinem Kunstwirken zu entfliehen. Schon war das Ende des Kirchvorplatzes erreicht, wo er den alten Stalzheim mit solchem Schwung überholte, dass dieser beinahe sein Gebiss verschluckt hätte und zudem noch über seinen Gehstock stolperte und der Länge nach hinschlug. Die Führungsgruppe war derweilen an einen kritischen Punkt angelangt, dessen war sich der Bürgermeister nur zu bewusst. Momentan hetzte er, wie eine Lokomotive mit Kolbenschaden schnaufend, aber immer noch in Führung liegend, auf dem Bürgersteig an der Stadtmetzgerei vorbei, aber nur noch wenige Meter trennten ihn von der Rüben-Allee, wo es eine scharfe Rechtskurve zu beschreiben galt. Was ihn hinter dieser Kurve erwartete, das konnte er von seiner jetzigen Position aus unmöglich einsehen, das galt sowohl für die Rüben-Allee selber als auch für den neben dieser verlaufenden Bürgersteig. Behielt er seine jetzige Geschwindigkeit bei, so lief er Gefahr, vom eigenen Schwung direkt auf die Rüben-Allee geschleudert zu werden, wo er unter eine Kutsche oder gar ein Automobil geraten konnte. Bremste er hingegen ab, so musste er damit rechnen, von seinem direkten Verfolger überholt zu werden, dessen feuchten Atem er eh schon wiederholt in seinem Nacken gespürt hatte. Seine Entscheidung hingegen war wohl kaum durch diese Überlegungen bestimmt, sondern durch den Umstand, dass ihm schlicht die Luft fehlte, sein momentanes Tempo weiter beizubehalten. Er verlangsamte also seinen Lauf und war so in der Lage, die Kurve recht eng zu nehmen. Auf diese Gelegenheit nun hatte der auf Platz zwei Liegende natürlich nur gewartet, und zu unserer Überraschung erkennen wir in diesem niemanden anders als den jungen Bäckergesellen Alois Friedscheid, der seinen Sturz von der Empore erstaunlich gut verkraftet zu haben schien. Sobald er sah, dass der Bürgermeister langsamer wurde, scherte er nach links aus und wollte in der Außenbahn überholen. Mit erstaunlichem Geschick gelang es ihm, die Kurve zu nehmen, war an dem Bürgermeister schon fast vorbei, hatte sich dabei aber wohl zu sehr auf diesen konzentriert und bemerkte dabei nicht den Passenten, wohl ein weiterer Tourist, der ihm direkt entgegenkam. Kurz nur hörte er das schadenfrohe Lachen seines Konkurrenten, dann spürte er zum zweiten Mal an diesem Tage, wie ihm die Sinne zu schwinden drohten. Für den Bürgermeister aber bedeutete dieser Zusammenstoß gleich einen zweifachen Glücksfall. Zum einen war sein schärfster Rivale nun wohl auf Dauer ausgeschaltet, dann aber erwies sich dieser zudem als nicht zu unterschätzendes Hindernis für die Nachfolgenden, von denen sich bald gleich ein halbes Dutzend mit dem unglücklichen Friedscheid auf dem Bürgersteig wälzte.

Doch kehren wir nun zu unserem wackeren Professor zurück. Dieser hatte mittlerweile den

Fluss und den Gedenkstein erreicht, auf dem des Haudegens gedacht wurde, der im Frühjahr bei demselben Unternehmen, zu dem sich Augstein nun anschickte, das Leben gelassen hatte. Doch waren die Bedingungen damals natürlich ganz andere gewesen. Wochenlang hatte es geregnet und der Fluss wäre fast über die Ufer getreten, doch von dem feuchten Überfluss waren nun kaum mehr als einige Pfützen geblieben, die nun schicksalsergeben ihrem Verdunstungstod entgegensahen. Der Professor schenkte dem Gedenkstein also lediglich ein mitleidiges Lächeln und eilte bereits das Ufer hinab. Die Hälfte des Weges war dann auch bald bewältigt, als sich plötzlich zeigte, dass wohl das Wasser dem See zum größten Teil entwichen war, dass sich an manchen Stellen aber noch eine recht hinderliche Schlammschicht befand. Und in eben eine solche drang nun das auf Hochglanz polierte Schuhwerk des Professors. Bereits mit dem ersten Schritt versank er bis zum Knöchel, beim zweiten waren schon Teile des Schienbeins bedeckt, beim dritten drang es ihm gar schon bis zum Knie, und als er nun den nächsten Schritt tun wollte, verlor er nicht nur seinen linken Schuh, sondern zu allem Überfluss auch noch das Gleichgewicht und fiel der Länge nach hin. Da half nun alles Strampeln, alles Fluchen nichts, und auch sein Hilferuf: »Haalt mi hier rut, yi Lopers!«, verhallte ungehört.

Auf der Rüben-Allee wusste man von den Kümmernissen und Sorgen des armen Professors freilich nichts, und auch wenn man darum gewusst hätte, hätte man ihnen wohl kaum Beachtung geschenkt, denn hier befand man sich inzwischen auf der Zielgeraden. Schon sah man, so verlockend und doch noch so fern, das rote Schild in der Sonne glänzen, sah man einen Mann, der eine Pforte nicht nur öffnete, sondern aus den Angeln hob und behutsam an den Zaun lehnte. Mund und Augen gleichermaßen aufgerissen schien der Bürgermeister durch diesen Anblick neue Energie zu schöpfen. Krachend stampfte das Schuhwerk auf das Pflaster, pfiff es aus der leidgeprüften Lunge um noch eine Oktave höher, denn höchste Anstrengung war nun geboten. Noch lag er wohl in Führung, doch immer näher hatte der Optiker aufgeschlossen, mit dem wohl niemand mehr gerechnet hatte. Und nicht nur dieser, auch der geschwinde Gustave Dubois holte beständig auf, lag bereits an dritter Stelle. Und von der gesamten Führungsgruppe schien er noch der Frischeste zu sein, ja, schien jetzt erst richtig auf Touren zu kommen und gar noch zu beschleunigen. Und wenn der Bürgermeister die Gefahr auch noch nicht sah, so hörte er doch umso deutlicher, wie sie nah und näher kam. Den Stiernacken um noch zwei Zentimeter weiter vorgestreckt preschte er dahin, und wehe dem, der sich ihm nun in den Weg gestellt hätte! Fast schon war die Kreuzung Rüben-Allee und Ludwig-Straße erreicht und immer näher schoben sich der rasende Gustave und der Optiker heran. Wie ein Orkan fegte das Trio über die Kreuzung, schon konnte man die Schrift auf dem roten Schild erkennen, oder hätte es zumindest können, wenn den Dahinstürmenden nicht der Fahrwind die

Tränen in die Augen getrieben hätte. Der Wirt der *Bergziege* räumte in weiser Voraussicht einige Stühle von der Veranda und öffnete die Tür zu seiner Schenke. Nun stürmte man quer über die Rüben-Allee. Der Bürgermeister japste etwas nur schwer Definierbares, was wohl soviel wie *einen Schoppen Altbier* werden sollte, sich aber eher nach *Schopaltbaaah!* anhörte und vom Wirt auch gar nicht zur Kenntnis genommen wurde. »Einen Schoppen Altbier, si ′l vous plait!«, kam es da von Gustave Dubois, und wenn etwas angetan war, dem Bürgermeister die Sorgenfalten auf die schweißbedeckte Stirn zu treiben, so war es die Frische, ja, man möchte sagen, die Behändigkeit, mit der diese Bestellung aufgegeben wurde. Welche Reserven mochte der Haarkünstler wohl noch mobilisieren können? Der Wirt hob dann auch die Hand, um zu signalisieren, dass er die Bestellung verstanden habe. Der Optiker hingegen sparte seinen Atem, und sogleich wurde klar, zu welchem Zwecke. Zehn Meter vor dem Ziel streckte er den Hals, soweit möglich, gar noch weiter vor als der Bürgermeister, stieß einen leidenschaftlichen Japser aus und zog dann an dem Stadtoberhaupt vorbei. Es war geschafft! Innerlich jubilierend, des Sieges schon gewiss, flog er förmlich der bereits offenstehenden Pforte zu, musste nun aber natürlich ganz erheblich abbremsen, um nicht in die Tische hinter der Pforte zu krachen. Dies nun gab dem Bürgermeister die Gelegenheit, nicht nur direkt zum Optiker aufzuschließen, sondern diesem aus dem gestreckten Lauf heraus auch noch in das Hinterteil zu treten.

Ach, wie wird die Hämorride da gejauchzt haben, als der Optiker wie der Blitz durch die Veranda schoss und kopfüber in eine angrenzende Hecke preschte, während der Bürgermeister über alle Backen und Doppelkinne strahlend durch die geöffnete Tür in die Schenke stürmte! Doch wie nah sind Triumph und Niederlage oft beisammen. Denn schließlich verlangten die sonntäglichen Schweinebraten doch noch ihren Tribut. Noch immer strahlend eilte er der Tür zu der vorm malerischen Garten gelegenen Hinterveranda zu, da versagten ihm letztendlich die Beine doch noch den Dienst und er krachte auf den Tisch in der Mitte der Schenke, an dem gerade ein Tourist mit seiner Gemahlin saß, und zermalmte diesen ohne jede Gnade. »Triumph!«, rief Gustave aus, der das unverhoffte Glück noch gar nicht fassen konnte, und stürmte, während die beiden Gäste sich noch panisch vor den umherfliegenden Trümmern des Tisches in Sicherheit brachten, durch die Schenke auf die Veranda, wo er in einen Freudentanz ausbrach und immerfort sein »Triumph! Triumph!« ausstieß. Und in seinem Siegesrausch, getrieben von seinem jugendlichen Leichtsinn wohl auch, wandte er sich an die Wirtin, die ihm auf die Veranda gefolgt war, mit der Frage: »Wie macht das Automobil, Madame?«, und drückte daraufhin mit beiden Händen zweimal deren für städtische Verhältnisse ganz beachtlichen Oberbau: »Tut tut!« Bedauerlicherweise jedoch war Gustave der Einzige, der über diesen gewiss nicht böse gemeinten Scherz herzhaft lachen konnte, wohingegen die Wirtin sich von ihrer humorlosen

Seite zeigte und ihm kurzerhand ein Tablett über das wohl leicht durchschwitzte, aber immer noch tadellos frisierte Haupt schlug. Auch dem Wirt wollte der tiefere Sinn dieser Darbietung nicht ohne Weiteres einleuchten, und so fasste er zwischen Zeige- und Mittelfinger die Nase des Taumelnden, drehte diese auf gewiss höchst schmerzhaft Weise herum und setzte dann noch mit einem gekonnten Aufwärtshaken an Gustaves Kinn nach, was den Ärmsten auch sogleich flach zu Boden schlug.

Und so kam es, dass der Siegeskranz dem Mann zufiel, der auf der Rüben-Allee noch so unglücklich zu Boden gegangen war, nämlich dem jungen Bäckergesellen Alois Friedscheid. Den Wirt kümmerte es wenig, dass der Lorbeer weder dem politischen noch dem geistigen oder künstlerischen Adel der Stadt zukam. Er drückte dem jungen Mann herzhaft die Hand und wies ihm den Stuhl am Kopfende des Tisches zu, der seit Jahren schon bei Sturm und Sonnenschein auf der Veranda stand.

Nach und nach trafen nun die Verfolger ein. Auch der Optiker hatte sich inzwischen aus der Hecke, in die er gestürzt war, befreit und gesellte sich mit pochendem Hinterteil zu den anderen, während es der Bürgermeister immerhin geschafft hatte, sich auf den Rücken zu rollen, und nun mit offenem Mund die Decke anjapste und Gustave Dubois mit einem seligen Lächeln vermutlich von seinem vermeidlichen Sieg träumte. So mancher Glückwunsch wollte leicht gezwungen wirken, aber alles in allem nahm man die Niederlage doch mit männlicher Würde hin. Denn immerhin wird der Herr ja an maßgeblicher Stelle gebeten, er möge uns unser täglich Brot heute geben, und wie könnte Er das ohne die tatkräftige Hilfe der Zunft, der eben der wackere Alois Friedscheid angehörte? Der Bäckerbursche selber wurde sichtlich verlegen, stammelte etwas vom Glück, das er eben gehabt, war aber nur zu offensichtlich von tiefem Stolz erfüllt. Kurz geriet die Schenke in den hellsten Aufruhr, Kruzifixe wurden geschwenkt, der Allmächtige um Beistand angefleht, als man den Leibhaftigen persönlich meinte über die Schwelle treten zu sehen. Doch so teuflisch das schwarze Männlein auch wirken mochte, bald stellte es sich dann als niemand anders als der unermüdliche Professor Augstein heraus, der es letztlich doch noch geschafft hatte, sich aus den Schlammmassen zu befreien.

»Und, was darf's sein, junger Mann?«, fragte der Wirt, als man sich wieder halbwegs beruhigt hatte.

Der Bäcker brauchte nicht lange zu überlegen. »Beim Bacchus, ein Glas Wein sollt's schon sein.«

Das Stimmengewirr, das eben noch die Veranda und den Garten erfüllt hatte, verstummte wie auf ein geheimes Zeichen hin. Selbst das Japsen des Bürgermeisters setzte mit einem Male aus. Die Mienen, die eben noch Gleichmut zur Schau gestellt hatten, gefroren, das linke Augenlid des Wirtes begann unkontrollierbar auf und ab zu schießen und gab erst Ruhe, als sein Besitzer es energisch mit der Hand zuhielt. Für einige Augenblicke waren alle wie erstarrt, dann entglitt der

Wirtin das Tablett, das nun eine etwa kopfgroße Delle aufwies, und fiel scheppernd auf den Boden. Dieses Scheppern nun war das Fanal, das jede Starre mit einem Male davonblies. Mit einem Aufschrei der Entrüstung packte man den Gotteslästerer, riss ihm am Ohr, kniff ihm in die Nase, bläute ihm den Rücken, zerrte ihn schließlich durch den Garten und warf ihn in einen Brombeerstrauch.

Und es verstrich noch eine halbe Stunde, bis man sich wieder so weit beruhigt hatte, dass man endlich die Bestellungen aufgeben konnte. Denn auch die Toleranzgrenze einer gottesfürchtigen Stadt wie N. ist nicht ad infinitum dehnbar.

***

Der Ordnungshüter

Chaos. Die Abwesenheit von Ordnung bedeutet Chaos. Chaos und Anarchie. Die alten Ägypter in ihrer Weisheit gaben der Ordnung einen eigenen Namen, Maat, errichteten ihr Tempel und ordneten ihr gesamtes Streben und Trachten dem einen Ziel unter: der Aufrechterhaltung der Maat und damit der Abwendung von Chaos und Anarchie. Das Prinzip ist also wohl geachtet und wohl bekannt. Warum also, so müssen wir uns fragen, liegt die größte Lust des modernen Menschen gerade darin, die Mächte des Chaos zu fördern, ja, sie mithin wie ein goldenes Kalb anzubeten? Denn betrachten wir einen beliebigen Zeitgenossen. Betrachten wir ihn und sehen, wie er vor Unordnung geradezu trieft, wie Chaos und Anarchie ihm aus jeder Pore dringen, und fragen uns: Warum? Woher stammt dieser Drang zum Chaotischen? Wohnt uns ein destruktiver Trieb inne, der uns in die Abgründe des Ungeordneten drängt?

Ich weiß es nicht. Nein, ich weiß es wirklich nicht. Und ich will es auch gar nicht wissen. Stattdessen möchte ich eine Frage aufwerfen, die sich sehr wohl und auch recht einfach beantworten lässt: Warum ist die Welt noch nicht vollends im Chaos versunken?

Nun ja, wie gesagt, die Antwort ist ganz leicht. Bei aller Bescheidenheit: Der Grund dafür bin ich. Ich und meine Gesinnungsgefährten. Vermutlich haben Sie noch nichts von mir gehört, denn wir scheuen das Rampenlicht. Unsere Arbeit findet im Stillen statt, und so ist es wohl nicht überflüssig, wenn ich Ihnen einen kurzen Ausschnitt aus meinem langen Arbeitstag schildere, um Ihnen zumindest eine ungefähre Vorstellung davon zu geben, mit welchen Schrecknissen ich tagein, tagaus zu kämpfen habe.

Um 20:14 Uhr und 23 Sekunden des heutigen Tages öffnete ich die Fahrertür meines Autos, steckte den Schlüssel in das Zündschloss und betätigte den linken Fahrtrichtungswechselanzeiger. Daraufhin ging ich um das Fahrzeug und kontrollierte, ob dieser vorne und hinten einwandfrei funktioniere. Diesen Vorgang wiederholte ich dann mit dem rechten Fahrtrichtungswechselanzeiger, dem Stand-, dem Abblend- und schließlich dem Fernlicht. Danach stieg ich in den Wagen, legte den Sicherheitsgurt an, überprüfte, ob mein Hosenschlitz ordnungsgemäß verschlossen war, und startete den Motor.

Ich befand mich gerade auf der Spitze einer Bahngleisüberführung, da erspähte ich auch schon den ersten Krieger, den die Mächte des Chaos gegen mich ausgesandt hatten.

Der Krieger hatte sich geschickt als Radfahrer getarnt. Und wo nun fuhr dieser Radfahrer: auf dem Radfahrweg? Falsch. Auf der für PKW vorgesehenen Fahrbahn? Richtig! Und war sein Vehikel vorschriftsmäßig beleuchtet? Natürlich nicht. Weder Vorder- noch Rücklicht brannten, ja, nicht einmal Reflektoren befanden sich an den Pedalen! In aller Seelenruhe, so als sei es das Natürlichste der Welt, radelte der Halunke ohne jede Beleuchtung bei Dunkelheit mitten auf der Fahrbahn.

Ein geschulter und erfahrener Ordnungshüter erkennt in solchen Situationen automatisch, um nicht zu sagen: instinktiv, was zu tun ist. Ich verlangsamte die Fahrt und ließ ihn ein Stück die Bahngleisüberführung hinabradeln. Dann beschleunigte ich und fegte den Banausen von der Straße. Er flog auf meine Motorhaube, schlug dann gegen die Windschutzscheibe und wurde von dort auf den Fahrradweg geschleudert, wo er von Rechts wegen ja auch hingehörte. Soweit ich sah, rollte er unter der Seitenplanke hindurch und purzelte dann wohl die Böschung hinab.

Die erste Schlacht war also geschlagen und die Welt von zumindest einem anarchischen Element befreit, doch musste nun natürlich vorrangig geklärt werden, ob sich mein Auto noch in einem vorschriftsmäßigen Zustand befand, ich mithin nicht Gefahr lief, unbeabsichtigt auf die Seite des Chaos zu geraten! Ich setzte also den rechten Blinker und bog in die Einfahrt einer Tankstelle, die am Fuße der Bahngleisüberführung lag. An den Tanksäulen vorbei fuhr ich auf den Parkplatz der Tankstelle und überprüfte Blinker und Licht auf Funktionstüchtigkeit. Ich nickte befriedigt, denn es war alles in Ordnung.

Gerade wollte ich in meinen Wagen steigen, da bemerkte ich zwei Männer, die auf ihr Fahrzeug zugingen, das ein Stück neben dem meinigen geparkt war. Doch beschreibt der Ausdruck *gehen* nur sehr unzureichend die Art, in der sich die beiden fortbewegten. Angebrachter ist es zu sagen, dass sie auf ihren Wagen zutorkelten! Jawohl, zutorkelten und offensichtlich im Begriff standen, sich sogleich in diesen zu setzen und loszufahren. Ich erkannte natürlich sofort, was zu tun war und dass Gefahr, und zwar *höchste* Gefahr im Verzug lag. Ich öffnete also das Handschuhfach meines Fahrzeuges und entnahm ihm die Pistole, die ich bei meinem Kampf ständig bei mir trage. Dann trat ich den beiden entgegen und fragte höflich, aber bestimmt, ob die beiden wurmstichigen Apostel von Chaos und Anarchie etwa im Sinn hätten, in diesem Zustand Auto zu fahren. Dem zusammenhanglosen Gelalle, das die beiden hervorbrachten, war nur zu entnehmen, dass Diskussionen hier völlig zwecklos waren. Kurzerhand eröffnete ich also das Feuer auf die Reifen des Wagens und zerfetzte diese. Im Eifer des Gefechtes verirrte sich wohl eine Kugel in den Benzintank, denn nur zu deutlich sah man nun eine helle und recht scharf riechende Flüssigkeit an der Karosserie des Fahrzeuges hinabrinnen. Die folgende Explosion bewies mir nun ohne allen Zweifel, dass die beiden Schurken den Wagen also tatsächlich in trunkenem Zustand gefahren hatten, denn andernfalls hätte sich das Benzin unmöglich an der Auspuffanlage oder wo auch immer entzünden können. Ich überlegte, ob ich den beiden noch eine Sonderbehandlung angedeihen lassen sollte, musste dann aber zu meinem Bedauern feststellen, dass ich das Magazin bereits leergeschossen hatte. So stieg ich also in meinen Wagen, in dem es nun bedenklich warm zu werden begann, und fuhr davon.

Jawohl, ich fuhr davon. Ich hätte nun natürlich warten können, bis Polizei, Presse und Fernsehen erschienen wären, um mir den Lob und die Anerkennung zu zollen, die mir zustanden. Doch ich sagte bereits, dass ich mich nie ins Rampenlicht dränge. In aller Stille und Bescheidenheit verrichte ich meine Arbeit im Dienste der Ordnung. Darin besteht meine Mission und liegt der Sinn meines Daseins. Um den Trubel mag sich der Pöbel scheren.

Ich fuhr also davon, hinaus in die Nacht auf meiner ewigen Suche nach den Abgesandten des Chaos und der Anarchie. Knapp zwei Kilometer hatte ich zurückgelegt, da war es bereits wieder soweit. Ich hatte den Ortsausgang bereits hinter mir gelassen, da bemerkte ich auf einem Rastplatz ein Wohnmobil mit einer Beleuchtung, die mir sogleich höchst suspekt erschien. Kaum war ich auf den Rastplatz gebogen und ausgestiegen, da bestätigte sich sogleich mein anfänglicher Verdacht. Bei der Beleuchtung handelte es sich in der Tat – wie ich sofort vermutet hatte – um ein rotes Herz an der Windschutzscheibe. Der Rastplatz wurde also nicht – wie vom Gesetzgeber vorgesehen und wie auch der Name schon sagt – zum Rasten benutzt, sondern um ein Gewerbe von höchst zweifelhaftem Ruf zu betreiben. Ich ging um das Wohnmobil herum und bemerkte, dass der Luftdruck im linken Vorderreifen viel zu gering war. Zwar hatte ich kein entsprechendes Prüfgerät zur Hand, aber schon das Auge sagte mir, dass hier ein Verkehrsdelikt übelsten Ausmaßes vorlag.

Ohne anzuklopfen stürmte ich also in die Lasterhöhle und versetzte der Fahrerin aus vollem

Lauf eine Ohrfeige, die sie sogleich auf ihr Bett schleuderte. Dann stürzte ich mich auf sie und zwickte sie gehörig in die Nase; da sie mich immer noch lediglich verständnislos anstarrte, zog ich ihr außerdem die Ohren lang, bis diese glühten, als habe sie sie gerade in der Wagentür eingeklemmt. Auch jetzt glotzte sie mich lediglich an, sagte aber kein Wort, und da nun erkannte ich, dass diese Ausgeburt aller Lasterhaftigkeit nicht nur einen öffentlichen Rastplatz für ihr unmoralisches Treiben missbrauchte, nein, außerdem war die Frau noch stockbetrunken! Jawohl, betrunken! Und es stand zu vermuten, dass sie sich bereits in diesem Zustand befunden hatte, als sie das Fahrzeug hierher bewegt hatte. Und noch etwas erkannte ich. Ich erkannte es an den Augen, an der sinnlosen Art ihres Grinsens: Kein Zweifel, diese Frau stand außerdem unter Drogeneinfluss!

Ich starrte sie an und spürte, wie sich meine Hände um ihren Hals legen und drücken, immer fester zudrücken wollten. Doch ich unterdrückte diesen Trieb. Und an dieser Stelle muss ich etwas Grundsätzliches bemerken. Selbstverständlich schmerzt es uns, wenn wir sehen, wie sich Chaos und Anarchie um uns herum ausbreiten. Wir möchten fluchen, wir möchten brüllen, um uns schlagen und dem verhassten Feind an die Kehle springen. O ja, das möchten wir, und wie schwer ist es, dem Drang zu widerstehen! Doch wir dürfen nie vergessen, dass wir die Ritter von Gesetz und Ordnung sind, und da stünde es uns schlecht an, wenn wir uns zur Bekämpfung der Anarchie gerade deren Mittel bedienten. Nein, wir haben einen kühlen Kopf zu bewahren und rein rational zu handeln.

Ich atmete also einige Male tief durch und zählte dabei langsam bis zehn. Befriedigt bemerkte ich, wie sogleich alle Raserei von mir wich und mein Herzschlag sich zu beruhigen begann. Ich blickte mich um und entdeckte an der Wand neben dem Bett eine Lederpeitsche, die wohl zum Handwerkzeug der Frau gehörte. Angewidert nahm ich das Instrument von der Wand, drehte die Frau auf den Bauch und peitschte auf ihren Rücken ein. Nun endlich schrie sie auf, schien jetzt zu verstehen, dass sich Chaos und Lasterhaftigkeit nicht auszahlen. O ja, sie verstand, sie lernte ihre Lektion und würde sie nie wieder vergessen. Ich peitschte nun wie von Sinnen, sie stöhnte und schrie, bettelte um Gnade, doch ich peitschte, peitschte Anarchie und Lasterhaftigkeit aus ihrem sündigen Leib!

Irgendwann war sie dann ruhig, und ich verließ das Wohnmobil. Hier stehen lassen konnte ich das Fahrzeug natürlich nicht. Um es wegzusprengen, dazu hatte ich nicht genügend Dynamit bei mir. Da bemerkte ich, dass sich auf der gegenüberliegenden Seite der Straße ein recht breiter Graben befand. Ich fuhr das Wohnmobil also über die Straße – selbstverständlich mit eingeschaltetem Warnblinklicht, denn mit diesem linken Vorderreifen hätte man eigentlich gar nicht fahren dürfen –, stieg aus und schob es dann in den Graben. Befriedigt stellte ich fest, dass der Graben tiefer war, als ich zunächst gedacht hatte. Ich hatte das Fahrzeug nicht gerade hinabgerollt, sondern etwa in einem 45°-Winkel, sodass es sich bald überschlug und auf dem Dach liegen blieb. So schnell würde seine lasterhafte Besitzerin keine Rastplätze oder Straßen mehr unsicher machen.

Ich ging zu meinem Wagen zurück und machte mich auf die Heimfahrt. Gerade hatte ich eine Tankstelle passiert, auf der just einige Feuerwehrleute ein Fahrzeug löschten, das irgendwie in Brand geraten sein musste, da erkannte ich, dass mein Tageswerk noch lange nicht vollendet war, die Mächte des Chaos sich noch längst nicht geschlagen gegeben hatten. Ich fuhr nun eine Bahngleisüberführung hinauf, und was entdeckte ich da? Einen Krankenwagen, mithin ein Wahrzeichen von Recht und Ordnung, und wo war er geparkt? Auf der Straße! Mitten auf der Straße! Sogleich begann mein rechtes Augenlid unkontrollierbar auf und ab zu schlagen, ich verlor jede Kontrolle über meine Kiefermuskeln, und meine Zähne klapperten im Takt zu meinem Auge. Ich spürte, dass ich unmöglich weiterfahren konnte, ohne selber zur Verkehrsgefährdung zu werden, und hielt also am Straßenrand, nur ein Stück hinter dem Krankenwagen. Hier saß ich nun, den Tränen nahe, und wartete, dass sich mein Auge und mein Kiefer wieder beruhigen würden. Die Gedanken und Empfindungen, die währenddessen auf mich einstürmten, vermag ich kaum in Worte zu fassen. Wie schon soll sich ein Feldherr fühlen, der mitten in der Schlacht ansehen muss, wie seine Truppen ihm den Rücken kehren und zum Feind überlaufen? Eine Welt, *meine* Welt drohte in mir zusammenzubrechen, und nur der

Gedanke an Vergeltung, an unmittelbare und grausamste Vergeltung hinderte es, dass ich gänzlich den Boden unter den Füßen verlor. Ich stieg also aus, am ganzen Körper bebend, und begab mich zu dem Krankenwagen. Die Banausen, die ihn gefahren hatten, werkelten irgendwo dort unten an der Böschung herum. Ich ging um das Fahrzeug, betrachtete es von allen Seiten. Wenn sie es zumindest mit zwei Rädern auf dem Fahrradweg geparkt hätten, sodass sie nur die Hälfte der Fahrbahn blockiert hätten. Aber nein! Mit allen vier Rädern standen sie auf der Straße, sodass unmöglich jemand hätte daran vorbeifahren können, ohne auf die Gegenfahrbahn zu geraten!

Schmerz und Verzweiflung lähmten meine Gedanken, und mir wollte nichts einfallen, wie ich dieses Verbrechen angemessen hätte vergelten können. Schließlich öffnete ich einfach die Tür des Krankenwagens, nahm den Gang heraus und ließ ihn einfach die Überführung hinabrollen. Mit einiger Genugtuung beobachtete ich, wie der Wagen nun ganz alleine auf den Radfahrweg geriet. Anscheinend verfügte er über wesentlich mehr Verantwortungsgefühl als sein Fahrer. Er nahm nun beständig an Geschwindigkeit zu, rollte auf die Tankstelle und krachte dort in eine der Zapfsäulen. Hierüber geriet man dort unten einigermaßen in Bestürzung, da sich das auslaufende Benzin recht zielstrebig dem brennenden PKW näherte. Augenblicke später verwandelte eine riesige Explosion die Tankstelle in ein Flammenmeer, und ich stieg wieder in meinen Wagen.

Dies war meine letzte Tat für den heutigen Tag. Ein anstrengender, ein deprimierender Tag, von dem ich mich mit ausgestreckten Beinen auf dem Sofa zu erholen versuchte. Doch nicht einmal dies war mir vergönnt. Ich wünschte nur, der Gesetzgeber würde sich endlich dazu durchringen, Sirenen und Martinshörner zu verbieten. Der Lärm kann einen in den Wahnsinn treiben.

***

Liebeswehen

Ach, wie lieblich rauschen Amors Schwingen, wie süß sind die Gifte seiner Pfeile. Wie süß und doch so schmerzhaft. Engelsgleich war ihre Gestalt, der Duft ihrer Haut und ihres Haares glich dem Achselschweiß der Venus, ihre Schönheit war wie … Na ja, überlassen wir die Schilderung der Einzelheiten den Dichtern. Die können das besser. Und werden schließlich dafür bezahlt. Ich will mich hier auf die reinen Fakten beschränken, und Fakt ist, dass sie eines wunderschönen Morgens in das Haus auf der gegenüberliegenden Straßenseite zog. Sie und ihre Eltern. Zudem ein Collie und eine schwarze Katze. Ich sah sie und es überkam mich wie eine Offenbarung, dass mit ihr, und zwar *nur* mit ihr ich den Rest meiner Tage verbringen wollte. Ja, nur an ihrer Seite wollte ich leben und eines Tages vergehen. Diesen Entschluss fasste ich in dem Augenblick, als ich sie das erste Mal durch den Vorgarten ihres Hauses lustwandeln sah, in ihrem Gefolge der Collie und die schwarze Katze. Und fast schien es, als vermochte ihre überirdische Schönheit gar die Gegensätze zu versöhnen, die die Natur in die Herzen der Geschöpfe gepflanzt, denn nie zuvor hatte ich gesehen, dass ein Hund und eine Katze in solcher Eintracht miteinander verkehrten, ja, es schien, als hegten sie zueinander dieselbe Zuneigung wie gegenüber ihrer Herrin. Sie schmiegten sich aneinander, wenn sie von dem Mädchen geliebkost wurden, und tollten gemeinsam in dem Garten umher.

Einige Wochen konnte ich ihre Schönheit nur aus der Ferne bewundern, aber immerhin hatte ich von meiner Vermieterin, die die Wohnung unter mir bewohnte und bereits mit den neuen Nachbarn verkehrte, erfahren, dass das Mädchen Patricia hieß. Patricia R., so also würde sie heißen, wenn sie erst einmal mein mir standesamtlich anvertrautes Eheweib sein würde. Drei Wochen etwa nach ihrem Einzug dann begab ich mich in das Tabakwarengeschäft, in dem ich gelegentlich meine Zigarrenvorräte auffüllte. Ich betrat das Geschäft und erstarrte. Mein Herz begann zu rasen, und ich spürte, wie meine Socken von kaltem Schweiß durchtränkt wurden. Da stand sie in all ihrer Pracht hinter dem Verkaufstresen und blickte mich an. Und ich wäre fast vergangen vor wonnigem Entzücken, wäre am liebsten vor ihr auf die Knie gefallen und hätte ihr alles gestanden. Ach, wie schön sie war, nun, da sie direkt vor mir stand, wie viel schöner noch als in den Tagen und Nächten zuvor, da ich sie nur durch mein Teleskop beobachten konnte. Doch mich ihr zu offenbaren, dazu war es noch zu früh, obwohl ich sofort, als sich unsere Blicke trafen, spürte, nein: mit Gewissheit *wusste,* dass sie für mich ebenso entflammt war wie ich für sie. Ich erkannte es an der Art, wie sie mich anblickte, wie ihre Finger verlegen über den Tresen strichen, an tausend Kleinigkeiten eben, die dem Normalsterblichen nichts, dem Liebenden aber alles verraten. Ja, wir waren füreinander bestimmt. Ich wusste es. Sie wusste es. Aber wie gesagt, es war noch zu früh für die Hochzeitsglocken. Ich trat also einfach auf sie zu, wünschte ihr einen schönen, einen wunderschönen guten Abend und nannte ihr meine Zigarrenmarke. Sie brachte kein Wort heraus, und ich meinte, ein leichtes Erröten ihrer Wangen zu bemerken, was sie sogleich noch viel reizender machte. Schließlich drehte sie sich um zu dem Regal mit den Zigarren, war jedoch so durcheinander – wer will es ihr verdenken! – , dass sie die Marke nicht fand. Ich half ihr also. »Dort in der zweiten Reihe, ganz links.« Nun sah auch sie die Packung und reichte sie mir. Deutlich merkte ich ihre Verlegenheit. Kaum wagte sie es, mir den Preis zu nennen. Nahezu stotternd brachte sie ihn schließlich heraus und ich musste mir ein Lächeln verkneifen. Ich bezahlte, wandte mich bereits zum Gehen, nachdem ich ihr nochmals tief in die Augen gesehen hatte, da überwand sie sich und richtete das Wort an mich.

»Es gibt da eine neue Marke. Wir haben ein Muster davon, wenn Sie vielleicht ...«

»Aber mit dem allergrößten Vergnügen«, erwiderte ich, noch bevor sie den Satz beenden und möglicherweise erneut ins Stottern geraten konnte. Und nun war ich mir ganz sicher, auf ihren Wangen eine leichte Rötung zu erkennen. Sie griff dann unter den Tresen und holte von dort eine einzelne, noch verschweißte Zigarre hervor. Mit feuchten Händen nahm ich sie entgegen, erwog, dabei leicht, ganz leicht und wie aus Versehen ihre Fingerspitze zu berühren, unterließ es dann aber doch und begnügte mich mit einem letzten tiefen Blick in ihre wunderschönen Augen. Ja, und das war bestimmt auch am besten so. Ein solcher Vorstoß wäre verfrüht gewesen. Ich dankte ihr also und verließ das Geschäft.

Draußen dann betrachtete ich die Zigarre und mein Herz tat einen Hüpfer. Ich schlug die Hand vor den Mund, und ich glaube, nun war ich es, der errötete. Doch im nächsten Augenblick musste ich lächeln. Damit hatte ich nun nicht gerechnet, nachdem sie sich so schüchtern gegeben hatte. Aber mir war natürlich klar, dass eine Dame von gutem Ruf die libidinösen Stürme in ihrer Brust unter dem Mantel der Schüchternheit verbergen musste und nur in Andeutungen zu erkennen geben durfte, was wirklich in ihr vorging. Wieder und wieder las ich die Aufschrift auf der Plastikverschweißung. *Alraunus* stand dort geschrieben. Sie hatte mir also eine Zigarre mit dem Namen Alraunus gegeben, und ich wusste nicht, ob ich die Kühnheit dieses Vorstoßes mehr bewundern sollte oder den Geisteswitz und die umfassende Allgemeinbildung, welche dieser voraussetzte. Denn es ist aus zuverlässigen Quellen ja bestens bekannt, dass schon die alten Hottentotten die Alraunwurzel als potenzsteigerndes Mittel verwendet hatten!

Zwischen leidenschaftlichem Begehren und Erheiterung hin und her gerissen kehrte ich in meine Wohnung zurück. Ich entschied, sie für eine Weile nicht mehr in ihrem Geschäft aufzusuchen. Dies in erster Linie mit Rücksicht auf unsere Eheschließung, denn wer wusste, ob sie sich in ihrem Hormonrausch nicht zu etwas hinreißen ließe, was unsere gesellschaftliche Stellung später in Misskredit bringen musste. Ich beschränkte mich also einige Tage darauf, sie durch mein Teleskop zu beobachten. Glücklicherweise lag ihr Zimmer direkt gegenüber von meiner Wohnung, und nur zu deutlich konnte ich erkennen, wie sich alles in ihr danach verzehrte, mich wiederzusehen. Ich sah es daran, wie sie sich in ihrem Spiegel betrachtete, wie sie jeden Teil ihres Körpers musterte, beständig auf der Suche nach verborgenen Zeichen, die der Zeiten Lauf hinterlassen haben mochte und die abstoßend auf mich hätten wirken können. Doch welche Vorstellung, dass irgendwelche Fältchen oder Runzel ihre Schönheit hätten entstellen können! Nein, sie war und blieb mein Engel, meine Göttliche.

Aber so langsam war es nun an der Zeit, wieder etwas von mir hören zu lassen, bevor sie vor Sehnsucht noch verging. Ich überlegte also, und eines Abends während des Essens fiel mir die alte Weisheit ein, dass Liebe ja bekanntlich durch den Magen gehe. Ich grübelte, wie ich diese Erkenntnis für meine Zwecke nutzbar machen konnte, und da kam mir eine Idee. Meine Urgroßmutter! Ja, ganz recht, meine Urgroßmutter hatte meiner Großmutter nämlich ein Kuchenrezept vererbt, das auf den alten Paracelsus zurückging, und meine Großmutter hatte es dann an meine Mutter vererbt, die es, in Ermangelung einer Tochter, an mich weitergegeben hatte. Jawohl, ein Gebäck von solcher Erhabenheit und Zartheit würde ich ihr zaubern, wie es Paracelsus selber nicht trefflicher vermocht hätte, und es gleichzeitig mit dem

Hauch der Jahrhunderte schwängern, Gaumengenuss und Geschichte mithin vereinen. Ich stellte also meine Wohnung auf den Kopf, ließ keine Schublade, keinen Sessel ungeöffnet, und schließlich hielt ich es in Händen. Da war es also! Mit leicht zittriger Hand wohl geschrieben, aber doch ohne Zweifel die Zauberformel, die ganze Generationen meines Geschlechts in kulinarische Ekstase versetzt hatte. Und hatte schon mein bloßer Anblick die Sinne der Angebeteten betäubt, in welche Verzückungen musste sie erst durch den Genuss meines Wundergebäcks geraten!

Sofort machte ich mich an die Besorgung der Zutaten. Leicht war es nicht. Manche davon waren so selten, dass sie über den gewöhnlichen Handel gar nicht erhältlich waren. Doch glücklicherweise war meine Vermieterin mit einer alten Kräuterhexe bekannt, die mir unschätzbare Dienste leistete. Hinzu kam noch, dass ich die Schrift meiner Urgroßmutter an manchen Stellen kaum entziffern konnte und mich notgedrungen auf meine Intuition verlassen musste. Aber endlich war es geschafft, die Zutaten waren beisammen, und noch am selben Abend machte ich mich ans Werk. Ich schnippelte und rieb, stampfte und rührte, entdeckte Talente in mir, von denen ich nicht einmal zu träumen gewagt hatte. Ja, es bestand kein Zweifel, nicht nur das Rezept, auch das Genie des alten Paracelsus hatte ich geerbt! Ich steigerte mich in einen regelrechten Schaffensrausch. Es brutzelte, es brannte, schmorte und gärte, und für mehr als einen Monat wagte sich keine Kakerlake mehr in meine Küche. Und dann war es vollbracht. Es war … ja, es war ein Gedicht. Voll Ehrfurcht und mit Gewässer in den Augen kniete ich vor meinem Werk nieder, blickte zum Himmel und spürte, wie sich der Busen meiner seligen Urgroßmutter mit Stolz erfüllte, da sie auf ihren Nachkommen und Erben herabblickte. Fast hätte ich selber von dem Kunstwerk gekostet, doch bezwang ich den Trieb, wartete bis zum Morgengrauen, dann schlich ich zum Haus der Geliebten und platzierte den Kuchen vor der Tür. Kurz erwog ich, noch einige Zeilen zu verfassen, ihr mitzuteilen, wem sie dieses göttliche Geschenk zu verdanken habe, aber dann unterließ ich es. Auch so würde sie wissen, von wem es stammte.

Ich eilte also in meine Wohnung zurück und beobachtete das Nachbarhaus. Eine Stunde gut musste ich mit pochendem Herzen warten, während ich mir ihren verzückten Gesichtsausdruck ausmalte, wenn sie vor das Haus trat und mein Werk entdeckte. Gewiss würde sie sofort in alle Richtungen spähen auf der Suche nach ihrem Wohltäter, würde womöglich, von einer Eingebung getrieben, zu meiner Wohnung schauen, obwohl sie ja noch gar nicht wissen konnte, dass ich hier lebte. Dann gingen die ersten Lichter im Haus an, und lange dauerte es nicht mehr, da erblickte ich sie. Sie, die mit ihrer Schönheit gar noch die morgendliche Sonne, die sich gerade über den Dächern des Ortes erhob, überstrahlte. Allerdings hatte sie das Haus nicht durch die Vordertür verlassen, dort wo der Kuchen lag, sondern musste die Hintertür benutzt haben, die in den Gemüsegarten führte und die ich von meiner Wohnung aus nicht einsehen konnte. Ich sah sie erst, als sie durch die kleine Pforte vom Garten auf den Weg zwischen dem Haus und dem Schuppen trat, in dem, wie ich inzwischen herausgefunden hatte, auch der Hund untergebracht war. Und auf diesen Schuppen schritt sie nun zu, öffnete dessen Tür, und unter Freudengeheul sprang der Collie heraus, schien sie fast verschlingen zu wollen, so groß war die Wiedersehensfreude. Die Nacht in dem Schuppen muss wohl arg lang gewesen sein, denn wie toll hüpfte er nun umher, lief in den Gemüsegarten, wohin Patricia ihm auch folgte, umrundete einmal das Haus und erschien dann in dem kleinen Vorgarten vor der Vordertür, wo – mein Atem stockte – ich den Kuchen hingestellt hatte. Schon wollte ich das Fenster aufreißen, dem Köter zubrüllen, er solle es ja nicht wagen, mein Kunstwerk anzurühren, doch da war es bereits passiert. Gierig fuhr das scharfe Beißwerkzeug in das zarte Gebäck, zerfetzte ohne Gnade, was die Künstlerhand mit solcher Hingabe geschaffen. Und in Windeseile war es vorüber. Ich fluchte, ich brüllte, ich schrie! Doch nichts, auch nicht ein einziger Krümel blieb übrig, um an mein Schaffen zu erinnern.

Nach diesem Fiasko kühlte meine Liebeslust doch merklich ab und ich fragte mich, ob ich die Sache nicht besser ganz vergessen sollte. Erinnerungen stiegen in mir auf an Kameraden aus der Jugendzeit, die ich in der Blüte ihres Lebens kennengelernt hatte. Dann hatten sie geheiratet, und aus Männern mit den höchsten Idealen und Zielen waren kahlköpfige Schmerbäuche geworden, die ihren einzigen Daseinszweck nunmehr darin sahen, irgendwie ihre Sippe durchzufüttern und sich abends am Kamin das Gejammer ihrer Weiber anzuhören. Mir schauderte bei dem Gedanken und im Nu waren die Stürme in meiner Brust zu einem müden Altweiberfurz abgeflaut.

Dann eines Nachmittags, es war inzwischen eine Woche verstrichen, bemerkte ich, dass mein Zigarrenvorrat bis auf ein Exemplar geschrumpft war. Ich begab mich also zu Patricias Tabakwarengeschäft, hegte dabei allerdings keinerlei Absichten außer eben der, Zigarren zu kaufen. Was dann jedoch folgte, nachdem ich den Laden betreten hatte, das änderte einiges. Ich begrüßte sie, ohne übertriebene Liebenswürdigkeit, ohne tiefen Blick in die Augen, äußerte meinen Wunsch, sie erwiderte meinen Gruß, reichte mir die Zigarren über den Tresen. Und auch dieses Mal drang ihr der Verrat wieder aus jeder Pore, hunderte von Kleinigkeiten in ihrem Benehmen, ihrer Art zu sprechen, den Bewegungen ihrer Finger, verrieten mir, dass das Feuer inzwischen gar noch hitziger in ihr loderte als bei unserer ersten Begegnung, doch achtete ich nun nicht weiter darauf, da es mich im Grunde nicht mehr interessierte. Ich äußerte die Hoffnung, es werde nicht zu regnen beginnen, da ich noch bis zur H.-Straße müsse, wo ich eben bei Frau K. zur Miete wohne. Warum ich dies erwähnte, das weiß ich selber nicht, aber die Wirkung blieb jedenfalls nicht aus. Ich sah, wie ihre Augen sich weiteten und ihr Mund sich zu einem O öffnete.

»Dann sind Sie … Sie sind ...«, stotterte sie. »Dann sind Sie Herr R.?«

Sie hatte mich also nicht nur aus der Ferne angeschmachtet, sie war aktiv geworden und hatte Erkundigungen über mich eingezogen. Ich musste über ihre Naivität lächeln, mit der sie mir ihr Erstaunen vorgaukeln wollte, dass gerade ich der Herr R. sei. Nein, eine begnadete Schauspielerin war sie nicht, aber ihre Vorstellung bewog mich doch, die Sache nochmals zu überdenken. Wenn sie solche Anstrengungen zu meiner Eroberung aufwendete, wäre es da nicht herzlos gewesen, hätte ich ihr gänzlich die kalte Schulter gezeigt? Ich antwortete also, ja, in der Tat sei ich der Herr R., fragte aber nicht, woher sie das denn wisse, um sie nicht in Verlegenheit zu bringen, sondern reichte ihr einfach das Geld für die Zigarren. Und die Art, wie sie dann mit dem Geldschein umging, wie sie ihn geradezu liebkoste, machte mir endgültig klar, dass ich wohl nicht darum herum käme, meine Werbung wieder aufzunehmen. Wenn auch nur auf halber Flamme. Liebevoll strich sie nämlich mit dem Finger über das glatte Papier, schien jede Delle, die sich darin befinden mochte, ausbügeln zu wollen, hielt es sich ganz dicht vor das Gesicht, zog genießerisch seinen Duft – das hieß letztendlich natürlich: *meinen* Duft – in sich ein, führte es dann an ihr Ohr, zerknitterte es ein wenig, als wolle sie aus dem Rascheln die Sinfonie unserer Liebe, vielleicht sogar den Hochzeitsmarsch heraushören. Dann erst legte sie den Schein zu den anderen Geldscheinen in die Kasse, aber ich wusste natürlich, dass sie ihn sofort, sobald ich das Geschäft verlassen haben würde, wieder herausholen, an ihr Herz drücken und nie wieder hergeben würde.

Tja, nun war es wohl an mir, den nächsten Schritt zu tun. Nach dieser theatralischen Darbietung war ich ihr das gewissermaßen schuldig. Auf dem Heimweg grübelte ich also über den nächsten Schachzug nach, doch wollte mir nichts einfallen. Es musste etwas sein, was nicht zu eindeutig oder gar bindend war – der Gedanke an meine Kameraden verfolgte mich nun Tag und Nacht – , was ihr aber doch zeigte, dass ich ihre rührenden Bemühungen zu schätzen wusste. Ich umkreiste einige Male ihr Heim, doch vergebens. Nein, nichts zu machen. Ich fluchte und machte mich auf den Weg zu meiner Wohnung. Was ich benötigte, waren Informationen aus ihrem persönlichen Umfeld, ihrem Privatleben. Und ich musste mich beeilen, bevor die Ärmste noch vor Sehnsucht verschmachtete. Da fiel mir meine Vermieterin ein. Wie gesagt, war diese mit der Familie bereits bekannt. Zwar hatte es in der letzten Zeit gewisse Spannungen zwischen uns gegeben, doch war ich bereit, für den Augenblick über diese hinwegzusehen. Sie hatte mich nämlich bezichtigt – und natürlich völlig grundlos! – , dass ich meine Rechnungen mit Falschgeld bezahlen würde. Man stelle sich nur vor: gerade ich, dessen Name mithin ein Synonym für Anständigkeit und Integrität ist, ich soll zu einer solchen Schandtat fähig gewesen sein! Ich hatte bereits im Begriff gestanden, die Schachtel zum Duell herauszufordern, hatte dann aber doch davon abgesehen, weil es die Sache einfach nicht wert war.

Ich kehrte also zu meiner Wohnung zurück, und siehe, wen treffe ich da in unserem Vorgarten? Ganz genau, meine Vermieterin. Ganz gegen meine Gewohnheit wünschte ich ihr einen wunderschönen guten Tag, und tatsächlich glückte es mir dann auch sogleich, sie in ein Gespräch zu verwickeln. Ha, bisweilen ist die Geschwätzigkeit der Weiber doch geradezu ein Segen! Sie erzählte und erzählte, und schließlich gelang es mir, das Gespräch ganz vorsichtig auf unsere neuen Nachbarn zu lenken. Ganz liebreizende Leute seien sie, so versicherte sie mir. Die Mutter sei Hausfrau, der Vater arbeite bei einer Bank. Ich horchte auf. Ein Mann in einer solchen Position würde bei der Mitgift gewiss nicht mit sich geizen lassen. Es folgte noch etwas Tratsch. Der Hund, so berichtete sie, sei gestorben; man vermutete eine Vergiftung, und ich konnte nur den Kopf schütteln. Ja, diese Umweltverpester, man sollte sie allesamt teeren und federn. Wie rein war das Wasser des Flüsschens, das nur gut fünfzig Meter entfernt an unserem Haus vorbeifloss, früher gewesen. Aber seit die Abwässer dort hineingeleitet wurden, sah man keinen einzigen Fisch mehr darin. Zumindest keinen lebenden. Gewiss hatte der Hund von dem Wasser gesoffen. Ich beschloss, der Familie bei Gelegenheit mein Mitgefühl auszusprechen. Dann erwähnte sie noch die Insektenplage, die im ganzen Ort wüte und auch den Gemüsegarten unserer Nachbarn nicht verschont habe. Das war nicht viel, aber doch besser als nichts.

Ich ging in meine Wohnung und überlegte. Am nächsten Tag dann sah ich Patricia im Gemüsegarten, und lange konnte ich nicht erraten, was sie dort eigentlich trieb. Sie ging mit einem Handfeger von Pflanze zu Pflanze und bürstete diese ab. Dann verstand ich und lachte auf. Aber natürlich, sie fegte die Insekten von den Pflanzen! Ach, wie hilflos Frauen doch in praktischen Dingen sind. Doch dann kam mir eine Idee. Aber natürlich. Ein weiteres Mal würde ich den heimlichen Wohltäter spielen und die Familie von der Insektenplage befreien. Patricia würde gewiss erahnen, wer hinter der Sache stecke, aber sie würde dieses romantische Geheimnis – neben meinem Geldschein – in ihrem Busen bewahren und hoffentlich als das nehmen, was es war: ein unverbindliches Zeichen meiner Anerkennung.

In der Nacht machte ich mich mit einer Taschenlampe auf und betrachtete die Angelegenheit. Und in der Tat, die Blattläuse trieben es gar arg, insbesondere bei den Erdbeerpflanzen, die gerade in voller Blüte standen. Gute naive Patricia, mit dem Besen war da wohl nicht viel zu retten. Ich ging wieder in meine Wohnung und begab mich am nächsten Tag zu einem guten Bekannten, der etliche Abendkurse in allgemeiner Chemie belegt hatte und sich ganz ausgezeichnet auf Schädlingsbekämpfung verstand. Er braute mir dann auch sogleich ein Mittelchen zurecht, das, wie er mir versicherte, auch dem Letzten dieser Plagegeister im Nu den Garaus bereiten würde. Ich dankte ihm und machte mich auf den Heimweg. Noch in derselben Nacht schlich ich ein weiteres Mal in den nachbarlichen Garten und besprühte jede Pflanze mit dem Wundermittel meines Bekannten. Ha, und als ich noch sprühte, da meinte ich es bereits husten und keuchen zu hören!

In den nächsten Tagen dann beobachtete ich den Gemüsegarten, was, wie bereits angedeutet, nicht ganz einfach war, da ich von meiner Wohnung aus nur einen kleinen Ausschnitt davon einsehen konnte. Aber hin und wieder erhaschte ich dann doch einen Blick auf Patricia oder die Mutter und konnte bei einer Gelegenheit sogar erkennen, wie sie einen ganzen Korb voll Erdbeeren pflückten. Ja, und gewiss wird die gute Mutter sich gefragt haben, welcher gute Geist sie denn von der Schädlingsplage befreit habe; Patricia hingegen wird nur verstohlen gelächelt haben.

In den kommenden Tagen dachte ich viel, dachte ich eingehend nach. Denn ich hatte Post bekommen. Viel Post. Und das meiste davon waren Rechnungen. Daneben auch einige Mahnungen. Einer dieser Halunken drohte mir gar mit dem Gerichtsvollzieher. Die Überprüfung meiner Ersparnisse nahm nur wenig Zeit in Anspruch. Kein Zweifel, etwas musste geschehen, und mir kam Patricias Vater in den Sinn. Gewiss verdiente man nicht schlecht auf einer Bank, und womöglich konnte er mir zu dem einem oder anderen Kredit verhelfen. Und eine schlechte Partie war Patricia ja nun beileibe nicht. Dennoch entschied ich, dass es nun an ihr sei, den nächsten Schritt zu tun. Also wartete ich. Die Tage und Wochen zogen ins Land, und ich wartete noch immer, ohne dass sich das Geringste getan hätte. Sollte sie nun etwa meine frühere Taktik gewählt haben und mir die kalte Schulter zeigen? Schließlich hielt es mich nicht mehr und ich begab mich in ihr Geschäft, traf dort aber nur eine Kollegin von ihr an. Bei meinem nächsten Besuch glänzte sie ebenfalls durch Abwesenheit, und auch im Haus oder im Garten sah ich weder sie noch den Vater oder die Mutter. So wandte ich mich also nochmals an meine Vermieterin, und von dieser nun erfuhr ich, dass Patricias Eltern ganz plötzlich von einer seltsamen Krankheit befallen und ins Krankenhaus eingeliefert worden waren. Gewiss also verbrachte Patricia den Großteil ihrer Zeit nun bei ihren Eltern im Krankenhaus. Das war natürlich tragisch. Die Erkrankung ihrer Eltern meine ich. Doch so wie die Dinge standen, musste ich meine Werbung nun erst einmal auf Eis legen, bis die Lage sich wieder normalisiert haben würde. In den folgenden Wochen sah ich sie nur gelegentlich – dafür aber umso öfter den Postboten! Sie verließ oder betrat das Haus, wenn sie, wie ich vermutete, von ihren Eltern kam. Im Tabakwarengeschäft aber traf ich sie nicht an. Schon erwog ich, sie einfach bei ihr zu Hause zu besuchen und ihr Trost zu spenden, doch bevor ich die Erwägung in die Tat umsetzen konnte, da erblickte ich sie hinter ihrem Tresen. Sie schien ein wenig dünner geworden und gealtert zu sein, doch da stand sie in ihrer, wenn auch nicht mehr blühenden, so doch immerhin noch Jugendfrische. Ich zögerte nicht, ihr mein Mitgefühl auszusprechen, und sie dankte mir. Sichtlich gerührt. Was den Eltern denn fehle, doch sie schüttelte den Kopf, man wisse nur, dass es sich um irgendeine Vergiftung handeln müsse, doch Genaueres könne man nicht sagen. Das war tragisch, und ich sprach ihr ein weiteres Mal mein Mitgefühl aus.

Dann bat ich sie um eine Packung meiner Zigarrenmarke, und was nun folgte, war so herzergreifend, nein: herzzerreißend, dass mir auch jetzt noch das Auge wässrig wird, wenn ich daran zurückdenke. Ach, über welch unermessliche Herzenstiefe musste sie verfügt haben, dass sie selbst jetzt bei all ihrem Schmerz, bei all den Sorgen um die geliebten Eltern zu einer solchen Geste fähig war. Sie reichte mir die Packung, ich gab ihr das Geld, dieses Mal jedoch keinen Schein, sondern zwei Münzen. Und sie, was machte sie? Nicht begnügte sie sich damit, die Münzen an die Lippen zu führen, ihnen einen zärtlichen Kuss aufzuhauchen, nein, sie nahm sie außerdem noch zwischen ihre strahlend weißen Zähne und biss hinein. Und was anderes hätte dies besagen sollen, wenn nicht, dass sie mich zum Fressen gern habe!

Tief gerührt sprach ich ihr ein letztes Mal mein Mitgefühl aus, beschwor alle Entgiftungs- und Heilgötter, sie möchten ihren Eltern, insbesondere ihrem Vater, beistehen, dann verließ ich das Geschäft.

Nach dieser Begegnung stand für mich natürlich fest, dass es nun kein Zurück mehr gab. Doch gleichzeitig war mir ebenfalls klar, dass ich nun unmöglich um sie, die Gramgebeugte, in aller Offenheit würde werben können. Wie unschicklich wäre es gewesen, in welchem Lichte hätte es meine Sinnesart erscheinen lassen, wenn ich nun ihre Not ausgenutzt und mich als Tröster aufgedrängt hätte. Nein, ich musste wie zuvor aus dem Verborgenen agieren, nun womöglich noch dezenter.

Es vergingen nun einige Wochen, in denen ich verzweifelt grübelte, welche geheime Wohltat ich ihr hätte erweisen können, und schließlich war es wieder meine Vermieterin, die mir die entscheidende Information lieferte. Voller Mitgefühl sprach sie über das arme Mädchen, das nun ganz alleine den Haushalt führen und in dem Geschäft arbeiten müsse, und zur Sorge um die Eltern komme nun auch noch der Ärger mit den Ratten. Ich horchte auf. »Ratten? Was für Ratten?«

»Was für Ratten? Der ganze Ort wimmelt doch von den Viechern«, erwiderte sie. »Das hängt wohl mit dem Wetter zusammen, weil es doch in diesem Sommer so warm war.«

Da war etwas dran. In der Tat hatten wir einen heißen Sommer gehabt. »Und unsere Nachbarin hat Ratten?«

»Na, der ganze Schuppen ist doch voll. Und sogar ins Haus kommen sie.«

Das war natürlich ein Ding. Nie würde ich zulassen, dass meine Zukünftige von dieser Brut bedrängt, am Ende gar noch angenagt wurde. Stunde um Stunde marschierte ich durch meine Wohnung, grübelte und plante, verwarf und grübelte erneut, und endlich kam mir die erlösende Idee. Ein Hund! Sie brauchte einen Hund. Und zwar nicht irgendeinen Hund, sondern eben einen Rattenkiller, einen Rottweiler nämlich. Und zufällig besaß einer meiner Bekannten einen ganz besonders schneidigen Vertreter eben dieser Rasse. Ich eilte also zu meinem Bekannten und bat ihn, mir den Hund zu überlassen. Er lehnte ab. Ich flehte ihn an, doch er schüttelte den Kopf. Ich fiel vor ihm auf die Knie. Er sagte nein. Ich warf mich auf den Boden, wälzte mich durch das Wohnzimmer, heulte und schrie, verbiss mich schließlich gar noch in den Teppich und ließ nicht eher von diesem ab, bis er endlich ein Einsehen hatte und mir Paule, so hieß der Rottweiler, überließ.

Überglücklich kehrte ich nach Hause zurück, versteckte Paule bis Einbruch der Nacht in meiner Wohnung, wobei ich ihm keinen Bissen zu fressen gab, um ihn umso begieriger auf das vermaledeite Rattenvolk zu machen. Dann gegen Mitternacht schlich ich mit ihm zu dem Schuppen meiner Zukünftigen und sperrte ihn dort ein. Zufrieden mit mir und der Welt begab ich mich in meine Wohnung zurück und legte mich ins Bett. Und in meinen Träumen sah ich Paule dann, wie er mit gefletschtem Zahnwerk den Nagern zu Leibe rückte und sie aus Patricias Heim vertrieb.

Am Morgen wurde ich von einem tollen Spektakel aus dem Schlaf gerissen. Ich sprang aus dem Bett, eilte zum Fenster, und mein Herz machte einen Hüpfer. Da war er! Wie der Kriegsgott in Person hatte er den Feind beim Genick gepackt und schleuderte ihn grimmig hin und her. Ach, welch ein Anblick! Und was für eine Ratte. Ich hatte das Teleskop nicht zur Hand und konnte keine Details erkennen, aber es war zweifellos die größte Ratte, die ich je gesehen hatte. Aber gegen meinen Paule hatte sie nicht den Hauch einer Chance. Unbarmherzig hatten sich seine Zähne in ihren Nacken gesenkt, und nun schleuderte er sie hin und her wie eine Hausfrau im Putzrausch den Wischmopp. Doch dann bemerkte ich, dass er nicht alleine war. Auch Patricia war da und hüpfte wie ein Hase um den Hund herum. Nun fasste sie die Hinterläufe der Ratte, und fast wollte es scheinen, als versuche sie, Paule seine Beute zu entreißen. Aber vielleicht täuschte ich mich auch. Ja, ich bin mir ganz sicher. Gewiss wollte sie ihm nur helfen, den Feind endgültig zu vernichten. Wie das Ganze ausging, konnte ich freilich nicht sehen, da sich das Schlachtgeschehen schließlich in den Gemüsegarten verlagerte. Ich öffnete das Fenster und konnte Paule knurren hören, dann mit einem Male schrie Patricia auf. Vermutlich handelte es sich um einen Triumphschrei, der Feind war also wohl erlegt. Danach hörte ich nichts mehr und legte mich wieder ins Bett.

Mehr konnte ich vorläufig nicht für sie tun, doch war ich optimistisch, dass Paule ganze Arbeit geleistet hatte und weitere Hilfe nicht mehr notwendig war. Im Geschäft besuchte ich sie die nächste Zeit nicht, sondern beschränkte mich darauf, das Haus durch das Teleskop zu beobachten. Hin und wieder sah ich sie weggehen oder heimkehren, Paule aber konnte ich nirgends entdecken. Vermutlich hatte sie ihn mit ins Haus genommen, was ja nur zu verständlich war, denn immerhin war sie ja ganz alleine dort. Dann eines Tages klopfte meine Vermieterin an meine Wohnungstür. Vermutlich hatte sie der Radau aufgeschreckt. Ich hatte nämlich gerade einen lästigen Gerichtsvollzieher im Karnickelfanggriff aus dem Haus befördern müssen. Zu meinem Erstaunen war sie gänzlich in schwarz gekleidet und ich fragte nach dem Grund. Und da nun erfuhr ich, dass Patricias Eltern verstorben und soeben zu Grabe getragen worden waren. Wenige Stunden nur hatten zwischen dem Tod des Mannes und dem der Frau gelegen, ja, es schien, als habe das Hinscheiden des einen auch der anderen allen Lebensmut genommen und sie sei dem Gatten nur zu bereitwillig in das Reich der Schatten gefolgt. Ich war gerührt über diese Treue bis in den Tod. Aber Patricia, welchen Gram musste sie nun durchleiden, denn wie ich zudem erfuhr, waren ihr nicht nur die Eltern entrissen, nein, zu allem Überfluss hatte auch noch ein streunender Straßenköter ihre geliebte Katze auf brutalste Weise niedergemetzelt. Ach, ärmste Patricia, welch dornigen Weg hatte dir das Schicksal doch bestimmt! Und natürlich litt ich mit ihr. Dies umso mehr, als ich nicht wusste, wie ich ihr hätte Trost spenden können. Denn sie nun offen in die Arme zu schließen und das Tal der Tränen gemeinsam mit ihr zu durchschreiten, dazu fehlte mir der Mut. O, ihr unsterblichen Götter, ich wünschte, ich hätte es getan. Ja, ich wünschte, ich hätte ihr das Glück gewährt, den Mann, den sie so abgöttisch liebte, an den Busen drücken zu dürfen.

So aber vergrub ich mich in meiner Wohnung, beobachtete sie wohl, trat ihr aber nie mehr unter die Augen. Die Wochen vergingen und die segensreiche Vorweihnachtszeit nahm ihren feierlichen

Einzug. Auf dem Marktplatz wurde der große Weihnachtsbaum aufgestellt und geschmückt, und am fünften Dezember entschied ich, nun meiner Künftigen wieder einen Gruß zu entbieten. Ich kaufte Konfekt, nur das edelste selbstverständlich, und füllte einen meiner Pantoffel damit. Zudem besorgte ich eine wunderschöne Kerze, auf der ein Weihnachtsmann auf einem röhrenden Elch abgebildet war, und schlich in der Nacht zu ihrer Haustür. Sie war verschlossen, doch ich hatte vorgesorgt. Nach der Erfahrung mit dem Kuchen wollte ich es nicht noch einmal riskieren, ein Präsent vor der Tür abzustellen, und so schnitt ich mit einem Glasschneider eine kleine Öffnung in die Glasscheibe der Tür, langte mit der Hand hindurch und öffnete sie von innen. Zum ersten Mal befand ich mich nun in ihrem Heim, und lange Minuten stand ich da und überlegte, ob ich hinauf zu ihr gehen, ihr den Schlaf aus den Augen küssen sollte und … Aber ich tat es nicht. Ich entzündete die Kerze und stellte sie neben den Pantoffel vor die Tür. Dann schob ich den Türvorhang vor das Loch in der Scheibe, damit die kühle Dezemberluft nicht eindringe und womöglich bei ihr eine Lungenentzündung verursache. Daraufhin verließ ich das Haus wieder, um niemals dorthin zurückzukehren.

Ach, hätte ich geahnt, welche Schläge das Schicksal noch für sie und somit auch für mich bereit hielt, ich schwöre, ich wäre zu ihr hinaufgegangen, um zumindest diese eine Nacht gemeinsam mit ihr zu verleben. Ja, mit freudigem Herzen hätte ich es hingenommen, dass diese eine

Nacht uns ein ganzes Leben würde ersetzen müssen. Aber, ich Unglückseliger, ich tat es nicht.

Man vermutete, dass ein Defekt in der Gasleitung die Ursache gewesen sei. Doch ist das nun belanglos. Als die ersten Feuerwehrwagen erschienen, stand das Haus bereits in hellen Flammen. Vermutlich hatte sie nie eine Chance gehabt, dem flammenden Inferno zu entfliehen. Sie wird von der Feuerbrunst bereits umgeben gewesen sein, als sie schließlich aus dem Schlaf schreckte. Und ich kann nur hoffen, dass sie wenigstens nicht leiden musste.

Noch lange, nachdem der letzte Feuerwehrmann die Stätte des Unglücks verlassen hatte, stand ich am Fenster meiner Wohnung und blickte zu den Rauchschwaden, die emporstiegen in den vorweihnachtlichen Himmel, um die Kunde von der Fortdauer meines Junggesellendaseins in die Welt zu tragen.

***

Zitate und Anmerkungen

S. 157: »And my soul …«, aus Edgar Allan Poes *The Raven*.

Die Kunst kriminalistischer Beweisführung wurde erstmals veröffentlicht in: *Und wieder mal Krimis* (Anthologie), Chemnitz 2017, S. 29-37 .
Der Künstler erschien erstmals in: *Friseur-Geschichten* (Anthologie), Chemnitz 2020, 123-136.